U0687230

20 世纪中国图书馆学文库·1

图书馆

孙毓修 著

图书馆管理法

朱元善 编纂

国家圖書館出版社

图书馆

孙毓修 著

本书据《教育杂志》1909 年 11—13 期,1910 年 1、8—11 期排印(原书无标点符号,编者后加)

目　次

典坟初启，有汗青之烦，无印刻之便，缘得书之不易，故师资之寄在人。传谓卿大夫之归老于乡者，设塾门左，邑之子弟，皆从之游。而扬子云亦谓一哄之市，必立之师。古者乡治之道甚备，而乡亭之制，独无图书之掌，非略也，盖不得已也。

汉唐而还，竹简之事，代以纸墨；传写之事，易以剞劂。流布既易，笔札益多，师儒口说，记在方策。微言大义，匪书莫载，收藏之家，夸多斗靡。中秘七略，乙夜读之而靡既；郡斋四部，穷年窥之而莫尽。综其簿录，能不望洋而兴叹也！

今日之事，又复大异，甲乙丙丁之外，益以引蒙之书（焦弱侯《国史经籍志》别设引蒙一门，意犹今之教科书）。日刊月行之报，禹域神洲以外之诸子百家，一人之力，焉得而尽庋之？自来藏书，有读书者之藏书，有藏书者之藏书，评其旨趣，以判优劣。读书者之藏书，既已罕遇，且即如绛云（常熟钱谦益牧斋）续钞（余姚黄宗羲梨洲）传是（昆山徐乾学健庵）诸家，可谓读书者之藏书矣。而秘之于高阁，申之以不借，宛其死矣。芩落山邱，腻尘残蠹，卒归于尽。他如藏书者之藏书，固未尝不兼收并蓄，而锦幅牙签，争长于名画奇器之间，酒阑烛跋，充为耳目之玩，太冲固叹之矣（见南雷文约《传是楼记》中）。由是观之，古来藏书，虽有抱残守阙之功，而终不能逃归玄恭灭绝流亡幽囚之叹。今之新书日报，流行固多，灭绝流亡之祸，则更速焉。昆山之语，诚洞见古今矣。

自人师难得，而圣人性哲之蕴，帝王贤豪昭然之迹，天地山川昆虫草木之秘衍，声光化电制作之新奇，足以与日月争光，为国家立命者，既悉存之于书，书之道大矣广矣，茂矣美矣。而一人致之则不能，一家私之则易散，于是乃有地方图书馆之法焉。

藏书之以公共之义，揭于天下者，汉唐已有之矣。盖以其时经典，得之不易，官府聚之中秘，以供人读。宋明以来，地方书院，亦有藏书。至于四库，其事乃大。遒考欧洲，亚力山大武功最盛，马策所及，悉收其秘册贞石而归，筑馆庋之，纵令学者翻阅。图书馆之名义由此而昉（希腊文星之庙曰 Athemeum，后即用为图书馆之义。今英文之 library 本于拉丁，意即图书之府也）。嗣后诸国，常于寺院之中，借作藏书之室。印板未行之日，钞本甚宝贵，每于书脑之下，凿孔穿绳，系之架上，以防散佚。虽矜慎至此，而一县之中，犹必备馆，以便借读，至于今日，规模益备。城邑无论矣，一乡一镇，亦必量其力之所能及，收藏数百册，以作聊胜于无之慰情。而英美诸国，且课图书税于地方，以促迫之而维持之焉。

图书馆之意，主于保旧而启新，固不当专收旧籍，亦不当屏弃外国文，示人以不广。自科举盛行，天下之士，非功令之文不读，古书寖以亡矣。学校既兴，后进之士，驰思校课，功不遑他及，教不及陈言。五经三史，不举其

2

名；八索九丘，安知其典。忧时之士，恫国学之日亡，而思所以救之，乃有存古之堂，有扶古之社。要之，学堂之力，所存者几何？学社之力，所扶者几何？且专在保旧，而必与新学如鸿沟之画界，则冒刘舍人见东墙而不见西墙之讥；主于金石书画，而不及经籍，则干孟氏忘本逐末之诫。是皆非今日之先务也。

欲保古籍之散亡，与策新学之进境，则莫如设地方图书馆，使一方之人，皆得而阅之。著作之家，博览深思，以大其文。专家之士，假馆借阅，以蓄其德。即一艺一业之人，亦得于职务余闲，藉书籍以慰其劳苦，长其见识。而高等学堂，遍设为难，有一藏书楼，则校外之生，可以入内浏览，温其故课，而启其新知。就学儿童，休业之日，亦可入馆，以书为消遣，如近日商务印书馆所出之童话，及儿童教育画，皆为此辈设也。邑中子弟，有读书之便，则移其作为无益之嗜好心而嗜书，其有益于风俗社会，非细故矣。

图书馆之当筹办也，如彼其急。但前此既无成典，东西人之讲藏书者，其分类管理诸则，又未必尽可推行于中土。有其事固当先有其法也。自来藏书之家，皆造目录，然其书仅记某书某人撰若干卷若干帙而已。又进之述其版本，钩其要义，详其得书之源流而已。护惜所有，方以独得为可矜，以公诸世为失策。绣锦为衣，楠檀作室，扃钥以固之。有问焉，则答无有。其意旨所在，适与今之图

书馆相反也。不揣固陋,爰仿密士藏书之约,庆增纪要之篇,参以日本文部之成书,美国联邦图书之报告,而成此书。语其篇第,则

建置第一

购书第二

收藏第三

分类第四

编目第五

管理第六

借阅第七

是也。世有作者,其辱教之。

建　　置

外国都邑之中,图书馆之大者,收藏古今本国外国图书,既详且博。伦敦博物馆内之图书馆,有刻本二万万册,抄本四万余册,其书架接续之,可通百有五里。巴黎柏林罗马华盛顿藏书之规模,亦与伦敦相颉颃也。是多由于国立,馆长书记及管理人员,由所属之官长任免之。今如京师之学部图书馆,是其例矣。美之联邦,各于其都会建图书馆,使有印本三万册以上,属之于官。今如江宁之图书馆,是其例矣。外此有由地方之主张,而举税以成之者;有因富豪之捐助,而独力以创之者;有由一人为倡,而签捐以足之者。其成立不同,要皆可视为公共之藏书,人人得往借阅。馆中之书,必令诸体俱备,一切专门普通程度深浅之人,皆得所欲而去。

地方有学会,以共究专门之业,亦地方之福也。学会究其所学,必有资乎图籍,于是遂有学会之藏书。其书各有所主,究地理者,则连篇累牍,尽属于坤舆;讲史学者,则接栋重茵,不越乎乙部。此固修士之书楼,不与寻常相同也。他如官署之中,宜考书而从政;寺院之内,亦造阁以尊经;至于学校,其风弥盛;旅馆主人,亦藏书报,以慰旅人之寂寥;孤客长途,舟车无聊,亦弄杂报游记之书,任人翻阅。译书之地,考古征今,创著新书,以风示天下者也,则亦必有文库(近惟上海商务印书馆编译所附设图书馆一区,藏古今中外图籍书画报章甚备)。报馆亦然,是皆备一部分人之观览,似公而实私者耳。

光绪三十二年四月二十日,学部令各厅州县,设立劝学所教育会各一所,以任地方之学务。读其章程,劝学所不负有为地方设立图书馆之名义,而教育会章程第五节第八项则有之,是今之任此责者,莫如教育会。部章虽教育会一邑只许一所,而图书馆则足以辅学校之不及,为益甚大,不当以重复为嫌。教育会设图书馆于城,而镇乡父老,闻风兴起,愿于其本镇本乡,设立图书馆焉,意当为部章所默许也。

美国地方自治法制,于图书馆最为精详,故积书之盛,驾于各国。近自一千八百九十年起,有二十一联邦,相约而立一图书进行会,公举委员,使之游历于外,为地方倡,委员所至之地,得为其地方选定应购之书。地方自治团体,当奉其指挥而遵行之。委员又得支美金百元以上之公款,代任买书之责。都会之人,所以鳏鳏于此者,盖惟恐下邑寒乡,提倡无人,安于简陋,故特遣其使者,四出以谋之。审是,则吾国之图书馆,不必如教育会之一邑一所也,可断言矣。

美国更有所谓 Travelling Library 者,译言行役之图书馆也。遐陬僻壤，去出版之地甚远，而购买实不易者，得告于图书进行会之委员，就已设馆之地假读之。百里千里，并可遥寄。每次以若干种若干时为限，前者既还，后者复至，周而复始，炫煌于道。乡镇之人，只稍费赁书之资，遂得读书之乐，亦可谓事之至便者矣。遐荒之区，读书之人少，而醵资设馆为难者，无不以此法为善。今已有二十一邦，与于此会。不但书籍，即图画照片，以及影戏之具，亦可以遥寄焉。吾国内地之道路未辟，交通不便者，固未足以语此，他日似可先于滨江之地，舟车易至之处一试之。

又考美国图书馆之基本，出于富豪之捐助者，几十居五六。其类有三：一金钱之捐助；二产业之捐助；三书籍之捐助。吾国任恤之典，载于周官，即今风虽未古，而救灾扶患，慷慨倾囊，其事往往而有。然以衣食馈贫，惠在一时；以诗书馈贫，惠于毕世。善于散财者，知必有味乎鄙言，而视助地方图书馆之较他事为急矣。以书籍为捐助，尤有益于公而无害于私（私家藏书之易散，说具上文）。此风已肇之于古，中郎赠书于王粲，杜邺受书于京兆，毕文简杨文庄之书，尽与之宋宣献。南阳公自以子孙稚弱，不能读遗书，乃举廿载之收藏，馈诸晁公武。近日绍兴徐仲凡树兰悉出其藏书，公之于乡，而成古越藏书楼（通州张殿撰謇序其书目，谓当值银二万圆）。读其簿录二十卷，四部之书，颇多善本，观察不以私之于儿孙，而公之于桑梓，其有美国卡匿奇（Carnegie）、泰罗尔（Taylor）、尼古剌（Nechaler）诸人之风矣。

夫地方之财力有限，而图书馆苟办理不当，则糜费甚巨。故美国之讲此者，日以节不急之费，而能多设图书馆为主。一馆之立，主持者若而人，管理者若而人，开办之费，不难竭蹶于一时，所以继续维持，而使之不敝，其事尤难。于是总馆之外，乃有别馆（Branch Library）及经理借书处（Delivery Station）二法，以为节费之道焉。

别馆者，设总馆于总汇之区为甲馆，并度其道里之远近，人民情性嗜好之相同者，而分设于乙丙等邑。乙丙之藏书，与甲之规模相等也。而筹画之策，甲馆任之，乙丙之馆，但得一管理之人，以司出纳。无需多人而事举，其利一也。购书之事，责成于甲馆，需用愈多，购入之费愈廉，其利二也。出版家遇非普通必需之书，定价必昂，小图书馆或竟无力购藏，今行此法，则总馆但得其一，即可转辗移至别馆，而秘籍奇书，遂得公之于人人，其利三也。小图书馆者，为限于地方之财力，乃不得已而小其规模，十步之内，岂无芳草？启发无缘，终成鄙儒，数邑相联，财力并省，则可化小为大，而受益者多，其利四也。

借书经理所，亦总馆之支流余裔也。所中但备书目，有借焉者，则代告于总馆或支馆，少一设馆之费，而多一借书之所，用意至善也。盖美国图书馆之书，皆任人携归家中，经理借书处虽无书籍，顾其书不难朝借而夕至，借

8

书人固不必居所迟候,而有废时失事之嫌也。

学校生徒,既乏购书之资,如必行数里之远,始有假书之地,则其嗜书之心,将牵于他务而不遑及矣。故图书馆之所在,必与学校为邻,总馆之外,复设支馆及经理借书所以便之。而借书章程,于学生教员特为宽大,馆中复送与目录,令其多知新书旧籍之名,以养成其读书之习惯焉。故曰图书馆者,非第文学之旁支,抑亦教育之方法也,岂不信哉。

事非数习,则为之而不精。美国于一千八百七十六年,始有图书公会,研求目录之学,与图书馆创设管理诸事。总会分会,方州并应。今其会友,已逾万人,凡地方之创办图书馆者,事有所不知,理有所可疑,皆往而询之焉。及一千八百八十四年,纽约城之亚尔办尼(Albany)大学,始附设图书馆一科,而布鲁克林(Blocklyn)、非勒特尔非尔(Pheladelphia)、奕林诺尔(Illinois)诸邦之大学亦应之。卒业之期,自一年以至三年,一岁之中,卒业而出者,约得二十人。

购　　书

宋元旧刻之可宝,自明以来之收藏家,言之详矣。然几经兵火，覆瓿代薪，所存无几。而寻行数墨，近于玩物丧志，非读书者之所急。京师都会之图书馆，愿力宏大者，罗致数种，示人以版本之所由，开化之独早（《梦溪笔谈》：雕板始于五代，精于宋人。盖先于欧洲数百年），则亦未尝不可。寻常之馆，殊不必雅慕虚名，而费精神于无用之地也。

坊本之弊有二：一刊本不足，二校对不审。因是而读书者必求家刻本。向者家刻善本，藏板于家，而估客至其家印之。南北书估，互相交换，故善本不难致，而价亦不昂。近年以来，雕板之风既衰，新刊之书，岁无所闻，旧板虽存，坊贾见购者无多，则亦相约不复再印。传布之路既绝，而旧本又日以消亡，近日善本之所以难遇，即遇之亦非倍价不能致者，职是之故。办图书馆者，苟其地方之财力，不足以罗致之，则不如先购局板书为最宜。

南北行省之有官局者凡十处，在江宁者曰金陵（重刻汲古阁诸史及《文选》等最佳，扬州之淮南书局今亦并入），在苏州者曰江苏（以胡刻《资治通鉴》及黎刻《古逸丛书》为最佳），在杭州者曰浙江（御纂八经九通诸子朱子鉴目玉海等皆佳），在武昌者曰崇文（刻书最多价亦最廉寄售书亦多），在长沙者曰思贤，在南昌者曰江西（以《十三经注疏》纪事本末为佳），在广州者曰粤雅（所刻皆考证经史之小种而《武英殿丛书》《全上古六朝文》皆佳），在福州者曰福建，在济南者曰皇华，上海之制造局，多系二十年前译著之书，他如江阴之南菁书院，长沙之王祭酒家，亦皆刻书甚多，价廉易致。合以上诸局，去其重复，采其精华，经史考证应用之书，亦既粗具。其书虽不如旧本之可宝，然亦校对精良，纸墨朴实，按单照购，远道易致，不须重值而有，不需岁月而备。苟地方无藏书故家，可相捐助，则不如先购致局板书以为基本，而徐访旧刻以足之，为易于成立也。

四部之书，虽有局本，而地方财力之尤绌者，尚以为过费，而不尽能仿行也。且购之非一处，藏之则充栋，为便易计，则更当参以石印铅印之书。此种版本，兴于欧美，光绪中叶，海上书棚，寖仿行之，不数年间，其风弥盛，大部之书，翻印几尽，其价较诸木板书，廉至倍蓰。所不足者，缩印过小，易损目力，抄写不精，令人沿讹。然影刻本尚无大谬，书之非为当日场屋携带用者，字迹明朗，亦颇悦目，如同文、蜚英、脉望、点石，所印之《十三经注疏》《二十四史》《佩文韵府》《骈字类编》《士礼居丛书》《图书集成》，皆精。近商务印书馆新印之会典及各种古文，亦称精良，往往有兼金不可得之书，翻成洋板，其书遂充斥市廛。故为应用计，则洋板书亦未始不可读也。且如诸史类典，藉检阅于一时，非诵读乎永日，木板繁重，转不如洋板之轻便而省事，办图书馆者，不必以其陋而弃之也。

吾国旧习，凡开书局，兴书楼，其有势力者，于官局本则要其免费，于家刻本则要其赠送。不知官局虽领官款，免费者多，寖至力绌而刻本草率；私家无以餍人之求，遂托言板坏，不复再印。昔张山来《昭代丛书》刻成，疲于酬应，不复再续。明胡宗缵以官钱刻《艺文类聚》，官府闻之，诛求无厌，大为地方之累。遂至毁板以绝其祸，是皆徒顾其私，不尊公德之为累也。

出版之家，刊一新书，冀其流行，则莫如捐赠图书馆若干册，任人纵览而知其善。能为地方公益计，凡图书馆来购，量予减价，则尤善。出版家当此故书雅记，日以消灭之际，能汇集自明以前之单行秘本，辑一丛书，校印行之，亦保旧学而致利市之一道也。

昔夷度作藏书志，购书之外，雅重鉴别，鉴别之要，分别其书之有用与无用为先，而板本次之。夷度之言曰，藏书之要，首在识鉴，其说至矣。

夷度谓购书当审轻重，吾推论之，以为四部之书，大别之为经史子集，经以载道，史以纪事，子以伸辨，集以纪文，经说子略，皆不能随时代以增多。而小说独盛，史愈积而愈多，集前亡而后益，聚散之数，足以相当，类书亦然。论经则专家之派轻，心得之学重（汉唐经生确守师说，学有专家。宋儒说经惟求合理，重在心得，心得敝而流于空言，专家敝而趋于破碎。乾嘉以来诸儒之说经破碎极矣。今日世变已亟，似不必再澄虑为此不如心得之派，犹足与西儒哲学相证，记其粹言，殊于日用起居身心性命有补也）。而小学一类之书亦重（汉世令史当风籀文九千，后世人事日繁，孳乳益多，而识字反少，翻译名义皆

12

不能与西文相当。说者每病吾国文字太贫，实缘字久不用寖废弃于古籍之中，遂觉其少耳。如通小学之人多择古字之相当者起而用之，其利犹掘井也），《廿四史》《九通》诸书，不能不备。而汉唐以来，风俗得失，衣冠服履之制，山川物产之奇，往往存于杂史小说之中。凡一丛书，杂史小说，必厕数种，其所校刻，多据善本，诸书之不能得单行本者，丛书皆已刻之。是丛书又为四部之总汇，而不可不先购矣。子列九家，术数之书，最为无益。兵农律历，亦成陈言，皆非所重也。而谱录诸书，如王黼宣和博古图、唐积歙州研谱、晁季一墨经、蔡襄茶录、韩彦直橘录、杨慎异鱼图赞，此类之书，皆足为美术实业之助，引而伸之庶免礼失求野之讥，其书当重。名家专集，先求大家与汇刻之书为重（汇刻之集如汉魏百三名家、粤十三家皆易求，《南宋名人小集》《江湖小集》《盛明百家》等书则难得矣），别集尤重于总集。

审轻重矣，又当辨真伪。大约书愈古则书愈可喜，而伪书亦愈多。扬雄王通之书，以子而拟《易经》《论语》，温庭筠之《乾𦠆子》，刘崇达之《金华子》，以谐语杂记而号子，此虽不称，犹非伪托。乃至仲尼倾盖，子华乃作，柱史骑牛，尹喜遂起，尹负鼎而汤液闻，戚饭牛而相经著，以及东坡杜解，朱子纲目之类，其书虽流传，而实皆伪者也。尤奇者，结绳之世，书契（郑康成谓文字未兴之世，欲以示信，乃取一木刀契其上而中分之，各执其一，盖如汉之合符，今文书之有骑缝印）初兴，乃有古皇之《三坟》，风后之《握奇》，歧伯之《素问》，伏羲之《归藏》，女娲之歌谣，此皆好奇之士，向壁虚造，以欺后世，著录之家，虽多存之，其实购之徒费财，读之徒费时耳。

自汉以来，学者多袭旧而少启新，尘尘千年，转相钞录，称名不同，而体旨实同之书，殊不少也。如《资治通鉴》未成而有《长编》，有《通鉴》则《长编》可以不购，蔡蕃之《鹿革事类》，即《太平广记》之节本，有《广记》则《事类》可以不购。《汉魏遗书》，原本多亡，其佚文犹散见于唐宋类书及经疏史注之中，辑逸之书，亦可以缓购也。

书既善矣，复当细审，所购之是否足刻。通行之书，坊贾必乐于翻刻，彼既为射利起见，自必贪图省工，仍其书名，删其卷数，以惑购者。故每遇一书，当检《四库提要》及古今各家藏书之目，以考核之（朱彝尊《经义考》所记卷数多援史志，最为精核）。率尔收买，恐多缺帙，终无善本，目录之学，此为最要。其他版本之先后（南北宋板书用罗纹纸，字画软媚，墨气香淡，纸色苍润，其用澄心堂笺李廷珪墨印刊者更精而难得。真宋刻本，展卷便有墨香纸润秀雅古劲之概。然书贾多以明藩本、明蜀本、明翻宋刻本、本朝仿宋本煊染纸色，以伪宋本，鉴别之际须留意于墨气字画行款避讳而得之。所贵乎宋板书者不第以其纸墨精良，而以其去古未远讹夺较少耳。然宋人校勘之学甚疏，为读书计，则乾嘉诸儒校印之书实为最善），影仿之工拙（仿宋刻之风元明皆有，而莫精于本朝，如黄荛圃影刻之《国语》《国策》，汪雪礓影刻之《豫章遗文》，胡果泉影刻之《昭明文选》，黎莼斋之《古逸丛书》中亦有影宋刻本多种，行款一依宋刻而复加以校勘，其可贵不在宋刻之下。尝见毛子晋黄荛圃张金吾诸家影钞而未刻之本，尤为精绝），收藏之源流（近东昌杨保彝著《南北藏书源流考》，遗漏实多，惟吴县叶昌炽之《藏书纪事诗》搜罗最详，其书今尚未大行也），其言甚长，非兹篇所能尽，今故略之。

私家藏书，非愿力宏大，搜罗富有者，则必意有所专，嗜有所偏，不能兼收并蓄，以尽天下之坟典。图书馆之意为公，将一切之书，无所不备，以餍一方之读者。而乡贤遗著，尤当宽其例以收之，县保其一县人之所著，府保其一府人之所著，则书籍之亡者寡矣。金石碑版，各以其所在之地方保之，则金石碑版之亡者寡矣。关东风俗之传，坟籍成篇，稽瑞储藏之志，虞山别录，求之古人，此风已盛，今可效之。故曰藏书自本乡起。

世之书籍，各相分散，粤有刻而吴未必知，蜀有本而越不能至。郑渔仲论求书之道有八（一即类以求，二旁类以求，三因地以求，四因家以求，五曰求之公，六曰求之私，七因人以求，八因代以求），其说详矣。然书籍刊印，必有序录，未见其书，而先见其书名卷数，著录之人，刊刻之岁月地处于名家专集之中，不必专考目录之书，而自知某书可向某地求，某书可向某人索也，此又渔仲八求之注脚也。

近来报纸流行，每出一书，长篇广告，烂然满目。而内地与局署所刻之书，又未必尽登报纸也，故渔仲之八求，不特求旧书当尔，新书亦然。

欧美诸国，各以其地方之名胜古迹，影成照片，互相投赠，以为夸耀。新奇之物，非能习见者，亦恃摄影，以便传观。故图书馆之藏照片图画，常与书籍并重。

十年以来，译著之书，几及五千种，就而观之，其弊尤多。翻译之家，见一著名之外国书，则争相迻译，既不相约，遂致一书而数名，文异而实同，购者之所当慎者此其一。科举既罢，士人之空闲者，群托迹于著书，而意旨所存，或多偏见，张诲淫之道，犹饰之曰卫生，造不情之谈，而谬足谓浚智，外国无是书，强称是译，是固明知其悖道，而不欲自居其名也，购者之所当慎者此其二。亦有取古人之书，改以他名，强加图绘，以投俗好，谬加笺释，以附新学，逞其谋利之私，顿忘畔道之戒，购者之所当慎者此其三。新书之费，不费于印刷，而费于编纂，不义之贾，乃敢翻板，人获彼食，情已可恶，而麻沙土型，纸墨不良，鲁鱼帝虎，字画尽非，购者之所当慎者此其四。书之须数编而毕者，出版之家，例必先刊一册，以为尝试，而首尾不完者，时时有之，惟著名之出版家，则无是弊耳，购者之所当慎者此其五。

近世印刷之术，日趋于便捷，草稿朝脱，书籍夕流矣。

其书既无版本可言,故人亦不甚爱惜之,随读随弃,无所吝惜。至于学校课本,境过情迁,则更视同弁髦。外国皆有旧书铺收之,以供苦学生及小图书馆之购用,虽纸墨非新,而文字实一,其价较廉于新出版时约数倍。惜吾国此业不盛,新书既难于久存,而于小图书馆,亦不便也。

常见内地之兴学堂,办书楼者,必千里跋涉,至于上海,以为一切之书,可以一朝而得。然上海之旧书,既极少见,所出产者惟教科及教科参考书。大出版家并择省会通商之区,分立支店,以便主故,即未能尽,亦可采集诸家之目录,择所缺者,托其支店,转购寄至,虽稍加寄费,而可安坐而致。如以办图书馆之故,欲出版家优加折扣,亦可以团体之名,就商于该总公司,属其支店行之,购科学彝器者亦然。派员至沪,徒重于费而纡于时耳。

日本书籍,上海亦甚少,然其书籍之尾,率附新书告白数种,价目邮费,及发行之地,靡不详载,即无东友可托,亦可由此通询,以得其书目,乃选择而邮购之。日币一圆,约当中国银一圆有奇。

西文书籍,上海所有者,以英文为多,法德已少,其余之国,殆皆绝迹。伦敦纽约之大书业家,皆刊布目录,委托上海之商务印书馆(Commercial Press)、别发 Kely and Walsh、美华书馆(American Presbyterian Mission Press)、伊文思(Edward Evans)、普鲁华(Brewer & Co.)诸家,为之发行,各有详细书目,任人取阅。上海之所阙者,其受委托之家,皆可代为购致。英国书价以镑计,十二先令为一镑,约当中国银十二圆。美国所云之圆,皆金圆也,视我银圆之值倍之。

出版家于理科及图画之书,编辑印刷之费较重,故定价较高,而折扣亦不能多让。同一书也,用纸有精粗,装订有美恶(盖面之用摩洛哥皮者价最贵,俄罗斯皮次之,布与纸又次之。通行之书以布面为最多,布面有软硬之别,小本常用之书当以软布面为适用。东西诸国更择普通之新旧书籍印以粗纸,装以纸面,价格低廉,以便购者,谓之 Cheap Edition),价之低昂,亦缘是而异。购者当认明皮装或布装字样,而知其价。然此惟参考书有之,教科杂志,则惟有一种装订,定价亦一律。

东西诸国之书,教科之外,其最繁者,莫如小说家言。彼口述之言,与笔述之文,既无所差别,则家人妇子,相与从容燕居之时,一人手小说书而口诵之,环听之人,悉能达其意旨,而喁噱欥愉,藉以遣兴,其书之所以日多也。字书之类,概曰字典(Dictionary or Glossary),有集专门之术语,而类系之者,亦称字典,或云专门之字书(Dictionary of Technical Terms or Phrase Dictionary)。学问之外,即至社会风俗饮食衣服之事,亦各有之,荟萃诸书之长,而宏纲细目,无不包举者,则为类典(Cyclopeadia or Encyclopeadia)。是皆六艺之纲领,百家之筦钥,不可废也。汇刻古书,如我丛书之例者,则曰文库(Library)。专门小种,汇刻者尤多，凡称 Hand Book 者，犹华言"必携""须知"，简要而切于日用之书也。游记（Travels）之书，各国所重，览其图画，足当卧游，读其文章，可裨见闻。彼中收藏之家，论版本则以旧刻为贵，论文理则以新著为尚，今我国之办图书馆者，第得其新书，以资实用，亦已足矣。

欧美诸国，报章之多，览之不尽，作者非一地，出之非同时，名称各异，价值不一。购者欲周知之，宜先得其簿录，盖外国之为报馆任派报之业者，必胪致著名之报，刊一目录，任人取览，上海之西书铺中，亦或有之。

欧美多有儿童图书馆，兹事甚盛，吾国草创伊始，尚难别设，似可仿日本之法，于寻常图书馆中，附设一处，为儿童观书读画之所耳。另备画册、挂图、游戏、运动、唱歌、童话，以及人物传记，地理游记，理科修身读本等书，任其观览，事不别举，当易告成。

收　藏

娜嬛二酉，初无此境，金匮石室，徒美其名。若此之谈，无庸辨矣。孙庆增《藏书纪要》中，有《收藏》一篇，粗具岸略，顾亦不能尽仿。叶文庄《书厨铭》曰："读必谨，锁必牢，收必审，阁必高。"（见《菉竹堂稿》）藏书之言，此得其要，惜未有人为之敷畅其旨，使公私藏书家，皆得有所法守。明季以来，藏书之家，皆喜作簿录，以纪其收弆之盛，而藏室之规模，与书架之位置，则从未有言及之者。惟《树庐文钞》（南昌彭士望躬庵著）之《传是楼藏书记》有云："楼十楹，跨地亩许，特远人境，无附丽。启后牖，几席与玉峰相对。中置庋七十有二，高广径丈有五尺，以藏古今之书。装潢精好，次第胪序。首经史，以宋板者正位南面，次有明实录奏议，多钞本，又次诸子百家，二氏方术稗官野乘。曲直纵横，部勒充四阿。各有标目，整肃嵯峨，珠联璧合，罔或失次。"云云。读之，虽未获登楼而纵观，然可想见其地之清闷，而书之宏整，有如此者。办图书馆者，可由此以得入手之方矣。

　　建造书楼，为藏书之第一事，而下手之时，最当审慎。苟非经费充足，与经验有素，则不如租赁开办，徐图建筑之为得耳。佛殿古刹，乡贤祠庙，求之吾国，所在有之，皆可借用也。

　　将欲筑馆，必先择地。私家收弆，多在园亭别墅之中，寂寞宽闲之境。而图书馆则以便人借观为主，其地最忌奥僻，宜于都市之中，四达之区。吾辈即不暇举东西诸国以为例，即观上海租界内西人所设之图书馆（此馆英文名 Shanghai Library），不设之于张园愚园一带林木萧闲之处，而偏于军马喧阗之南京路，则吾说固有证也。

　　吾国旧城，凡人烟聚集，市庐荟萃之区，则必街衢湫隘，邻屋相联，非特易致火灾，且光线止于一隅，空气不能流通，读者无境隔尘外，俯仰自在之致。故与其专就人烟

20

辐辏之区,设馆以便来者,诚不如择地本清旷,而又据适中之处之为得也(旧日城邑热闹之处往往僻在一隅,或据水道,或趋平原,未必尽居一邑之中也)。如其地有兴筑公园博物院之举,则附图书馆于其中,最为适宜耳。

　　将营图书馆,先当问有书若干册,并能出若干建筑费也。既以现在之册数截算之,更预计将来续加之数,至短之期,亦当计及二十年之久。于经营之始,预留地步而后可,不然,他日毁之则重劳,扩之则不可,创始之人,必有任其咎者矣。

　　图书馆建筑法甚多,而其最流行者,厥有三种。欧美名家之所以斤斤于此者,无非为省费与卫生计也。今列其图,并加论断,以备从事斯道者之采览如下。

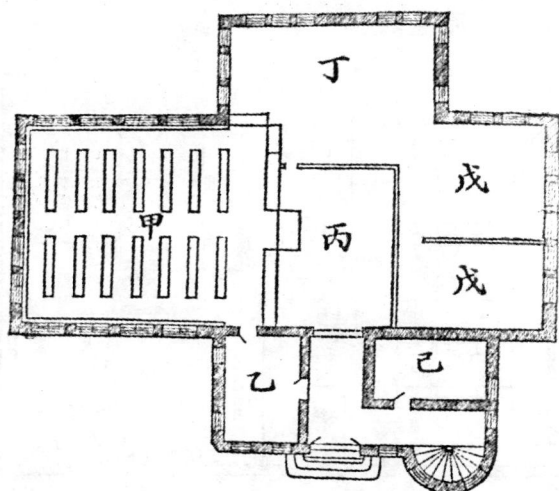

图一

图一:天花板与地板之间,高十六尺(以英尺计,下同)。

甲　书库,深广各三十二尺。

乙　事务室,深十二尺,广十六尺。

丙　收发处,深二十七尺,广二十四尺。

丁　阅书室,深二十四尺,广三十二尺。

戊　阅报室,深二十一尺,广三十二尺。

己　董事评议室,深十尺,广二十尺。

戊有二室者,其一为女子阅报处所也。吾国此风未盛,可改为珍藏秘本古画之所。自董事评议及秘本古画藏室外,皆不须以墙壁为障,断以短阑,或障以屏风,使室内之光亮,平均流通。

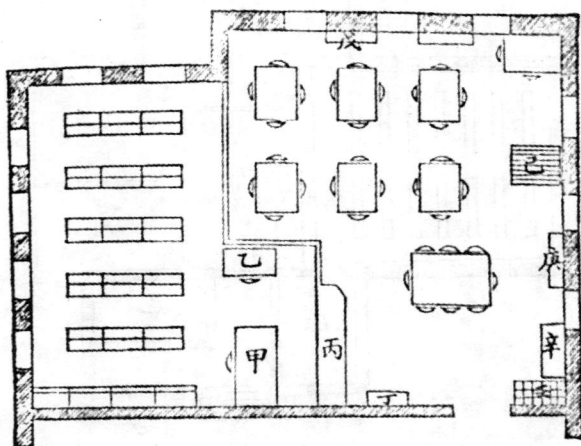

图二

图二：

甲　图书馆长案

乙　管理员案

丙　书籍收发处

丁　书目处

戊　杂志案

己　新闻案

庚　参考书（参考书谓字典也，常置阅书室内便人检索）

辛　椅位

壬　伞架

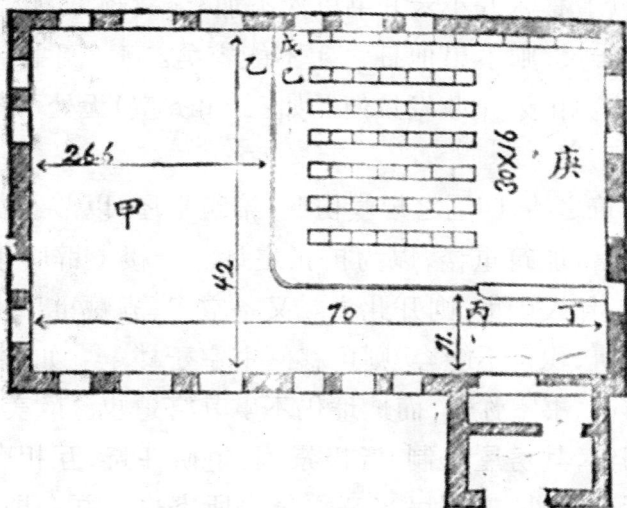

图三

图三：

甲　阅书室

乙丙　铁阑干

丁　收发处

戊己　藏书室

庚　事务所

上列三图，第一图之规模最备，其余递减，见深见浅，各视其情形而规仿之可耳。今有藏书万册之图书馆于此，假定此后岁增千册，积二十年，可增至三万册也。则其馆宜仿第一式，书籍之容量，每一立方尺，可容西装书二十五册，华装大四开书三十二册，又小四开书三十二或四十册（其他六开小六开书以次类加）。故预算书库能推广至四十尺，则不患他日之实不能容矣。丁（阅书室）与甲（书库）相接，则收发较便。如乙（事务室）无处可容，则并入于丁亦可。

建筑之始，四周之规模仿此，第筑平屋，以节经费，待收藏日富，加筑重楼，以为扩张之计。于楼上辟听事，遇大会议，邦人毕集，则开此堂。又备空房，弆藏重出书籍，楼下书匮，积至不能容，则可移阅书室于楼上。如此则虽层楼继高，书室弥恢，而地址仍不虞其窘迫也。欧美名都之图书馆，其房屋之制，皆极崇闳，争研斗奇，互相夸耀，此虽近于务外，亦国民兴旺之气之所寄也。吾今即不暇与邻国相竞胜，而通都大邑之馆，亦不可过于朴陋。内室固当整洁，外观亦宜精美，第恐加筑之时，叠墙累室，有伤雅观耳。但如上列诸图，皆可本其原则，改易位置，以广其室。例如图一之书库，可延至乙丙二室之墙根，书库之大，几可加倍。筑成楼房，则丙丁戊己，可悉迁去，以其余室，尽庋图书，于是又可多五万卷之地位矣。

上图天花板与地板之间，相离皆十六尺，然书匮之高，至八尺而极矣，空间之八尺，无所用之，徒然废弃。美国布尔氏著书，盛言此空隙之地，为流通光气，保护书籍所必需，此固合于文庄阁必高之说，然建筑之费，自此重矣。窃谓高十二尺，已不嫌卑，容积虽减，于藏书之量，仍不减也。惟最当留意者，事务室必与阅书室相联，中树铁阑为界，取其疏朗，办事之时，犹可分其余力，以监督阅者也。楼梯必在室外檐下。

欧美诸国之图书馆，皆仅煤炉于地下，以谨火灾。北地寒信，甚于南方，必须炉火取暖，南方人家，素不具此，馆中亦可不设。非徒节费，亦免损坏书籍而易致火灾焉。

近日美国最著名之图书馆专家，首推普利，东省芝加高人也。普利以为从来图书馆之建筑，皆未尽善，因本其意匠，自造新说，冀世有仿之者，第其造法，所费实多，核以我国龙币，当达五十万圆，并书架几案而数之，当六十四万圆矣。姑存其说如下。

普利谓今图书馆之房屋，皆不良于用，其弊有七：一中央隆而四阿垂，高处未必多藏，而徒多此无用之隙地也;二书库广大,近窗处可得光气,稍远则不及也;三冬春炽炭,煤气烟屑,皆足以伤书皮之美观也(西人常谓,苟其地为人类所不能居者,书籍亦不能居,故光气不通尘氛不除于书皆有损,吾国书籍易生蠹鱼,置之明窗净几中则蠹鱼绝迹,亦此意也);四书库与阅书室相距过远,借书还书,殊费工夫也;五防御火患之法,尚多疏漏也;六字书类典,堆置书案之旁,令阅书者起居不适也;七馆中不急之费,尚可节省也。而欲泯此缺憾,则当备二百尺见方之地一区(合吾国六亩有余地),四周围以空场,而筑室于其中,室广六十尺,深七十五尺,以为治事之处。于此两旁,别筑左右二翼,以为书库,书溢则拓其基,渐推渐广,至实其四周之空场而后已。而各室之中央,因以得一隙地焉。每室高广皆十五尺,其深则随意为之,期于适用而止,从平地筑起,可以累至四层。共可得书库四十间,随室分类(谓经史子集之类)。书架皆倚墙壁而置,不可过高,过高则伸手不能及,而于管理者不便。室不期广,而惟期深者,以狭则光能左右入而遍照也。各室当造大墙,墙之高当过于屋顶,以为间隔,而慎火灾。出入之廊,皆以铁造,四层合计,有空室二万五千二百五十方尺,去阅书室占去几案若干尺地外,可容图籍处约有二万又二百方尺,以一方尺庋书二十五册之例乘之(以西装书言),则一层可架书五十万又五千卷,四层共能容二百又二万册。建筑之材,以石为上,砖次之,木为下。窗户之上,当裹以铁叶。

外国图书馆,皆保火险,以为不宜吝此小费,偶遭意外,遂无力兴复,而阻地方之进步也。

藏书之具,外国皆用架,架有以木造者(英国博物院内图书馆之书架,皆以橡木为之,大小高卑形色皆一致),有以石版(西名司来脱,质不甚坚,而纹理细腻,材质平正,西人用以制成器物不少)铁叶(外必涂铅以免为湿气所侵而生锈)造者(石板铁叶实不过取以为质,外仍护以熟革免书籍有擦损也)。架高七尺,中分六层,长可不拘,宽当三尺,两面庋书,则地位与材料,皆可省耳(中国书约以长至尺有半为止,西洋以宽至尺有半为止,中籍平置,西籍直置,书架面宽三尺,则中西书皆可并容矣)。私家藏书多用柜,其材或江西杉木,或川柏银杏,其式有一封书(积三四小书箱而成一行,可分可并,甚为轻便),一字长城等目,白铜包角,佳篆题门,纵极精雅,而若图书馆殊不宜效之。盖图书馆之藏书,供公众之取读,取予频繁,用柜则启闭为劳,不能如架之简易也。私家藏书,藏庋之时多,翻阅之时少,以为露置则易长尘蠹,故必用柜。不知书籍之保存,亦赖光气,闭存柜中,损坏愈多。图书馆内,既有典守洒扫之人,虽无锁钥,亦不虞其捐弃也。蓄猫数头,鼠即不为害矣。秘籍钞本,不在寻常通假之例,必固扃钥,以昭慎重者。然后始用柜,然必以玻璃为门,庶不幽闷而免蛀蚀耳。

书柜之制,求诸欧美,其式匪一,达纳尔制旋转书柜,大部之书，用此最便。形四方，高及五尺，上有平面，可假以为几，中可容书数百册，而其所占之地位，等于一椅耳。此可置于阅书室，以庋参考书。书库之中，图书骈列，用同式之书架为佳，行行相并，中辟通路，宽约三尺。

书籍陈于架上，其分类之法，为中外所通行者，约有四例：

一　随书形之大小为类；

二　随著者之名氏为类；

三　依书之类别为次；

四　按时代之先后为次。

上列四说，各有优劣，收藏者当参用之，以适于用，未可据一为断也。吾意旧书以随书形之大小，与按时代之先后两法为善。西书复当加入随著者之名氏为类一条。依书分类之说，最不可通，今条论之如下。

书籍大小之度，无虑数十种（雕板之书大小无定，石印之书常随石之大小而定，四开六开九开等名，英美诸国书籍大小之度，悉有定称，载诸字书），而装订复有中西之异，比而同之，不特形状参差，不良于观，抑复大者不足，小者有余，多留空隙，徒估地位，故书形大小相距过远者，以别置之为便。

尝观文澜阁架上之书，悉按部类属三者之部居，而于其中复以著者之先后为次。夫苟馆中收藏之书，从此而止，则依此陈列，自最善矣，而势固不能。莫高之藏，呈响

28

于近代（莫高山在敦煌县境，近人于千佛岩石室中发见沙州曹氏所藏唐卷子本经籍墨拓碑版雕印佛象甚多，大半为法人伯希和所得。吴县蒋斧元和曹元忠上虞罗振玉据照相本以作考，惟尚书顾命等残本十一种尔。唐人写经学部得之最多，予于廉惠卿部郎许见其一，黄纸墨界完好如初，行尽而经亦完），先秦之籍，重刊于兹世。欲以今日新刊之本，随时加入，微特架上不复能容，而号次且凌乱矣。然一馆创设之初，搜罗必甚详备，新刊之本，随时收藏，其数必甚寡，必不得已而小有更张，于大局尚无损也。

夫依书类别以为之次，四库行之，今东西各国之图书馆亦行之，而蒙以为不可者，其亦有说。盖以新著之书，与近人搜逸覆刊之书相较，则新著者自居其多数，图书馆之收藏，主在广博，苟非宗旨纰谬，有干禁网，则概在收藏之例。今日得史部之书若干，明日得集部之书若干，日日而谋加入之，于事亦纡烦极矣。四库初创，集其大成，著录之后，不复再续（道光同治两朝，仪征阮元归安陆心源续呈四库未收之书，顾皆宋元旧籍，乾嘉以来之撰述俱未续收）。且其管理，亦不用编号之法（但编橱号而已，其例始于明之文渊阁藏书）。不编号则必分类而后易检，不续收则虽分类而亦可通。

外国图书馆之所以能行之者，以其分类，依十进之法（详下分类篇）。一类之号次，自为起讫，而不相统合也。然必每类之后，预留隙架，以庋后至之书，议者亦未尝以为便也。或谓书楼之中，可按经史子集之名，分别四室，以庋旧籍（上海徐家汇图书馆藏四部之书二万五千册，其收藏之法即如此）。如此则书之号次，当依类而编，借阅之际，管理员之事务亦必倍劳。此在小图书馆及学会中之图书馆，借阅不繁者，行之犹不觉其不便耳。

一切日报，皆当排日整理，存于报夹。杂志之属，积若干期，汇订厚册，则无散失之虑矣。收藏照片，则宜用柜，按尺幅大小之制，而为之槅。柜不必有门，或以布为袋，而以类别号次，标于其面，则办理尤简省矣。

图书馆之意旨，既不主于保旧，则四部之外，凡异域之图籍，迻译之外篇，日刊之报章，摄影之图画，博稽广搜，皆不可遗。收藏之际，首当分科，以为区别，兹拟之如下。

旧书门　一切旧籍皆入之，然海山守山连筠灵鹣诸丛书中，亦间收译著之书，而此类丛书，既入旧籍，则亦从其主人而已（详见分类篇）。

教科及教科参考书门　近人编译之书皆入之，日本帝国大桥诸图书馆，皆新旧相并，此于编目时窒碍殊多，可不仿也（详见分类篇）。

东文门　东西文书，皆外国文也，而必厘之为二者，东西二派之文字，源渊迥别，形体各殊，固未能强合也。

西文门　东方诸国，学西文者，总以英文为多，办图书馆者，自当专力于此。近之如法德意俄，古之如希腊拉丁,虽不可尽废,要为馆中附庸之部,编目之际,并入 Lan-guige 一类中可耳。

报章杂志门　不论东西文皆入之。

图画门　此云图画,专指地图照片,及学校之挂图画帖言,法书名画,当为美术馆之所有事也。

分门既多,管理之人,易于相浑,是当仿道释藏之例,取二十八宿或千字文之字以别之(经史子集旧称甲乙丙丁,故干支之名勿沿用,恐与四部浑也)。设以天字概旧书,则云天字子部小说类异闻之属,便知所云系旧体小说,而非新小说也。

以上所拟,皆借阅书之办法也(案去年学部奏定图书馆章程,凡寻常之本任人借观者谓之借阅类外,此则谓之保存类)。旧椠精校难得之本,则别存之,不与此同列也。自前明以来,收藏之家,珍为善本者,其界限可得而言。

(甲)宋元刊本　顾千里有言,天水蒙古之世,无一书非宋元,求之即得,原不足重,几经兵火,遗传日少。绛云汲古,一意搜罗,天下靡然从之,宋元之价值始高。其实宋之麻沙(属晋江之一邑,宋时雕板此处为盛)刊本,谬误甚多。元代坊本,尤极粗劣。家刻官本,存者希矣。

(乙)明刊本　明人刊本,国初人犹不之重,但阅世愈久,流传愈少,今如兰雪堂活字刊行之唐人诸集,安桂坡校印之《初学记》等,皆为晨星凤毛矣。

(丙)精校本　取善本对校,遇有讹字,或义可兼通者,以朱笔记之,是为校本。校勘记一类之书,由此而兴也。

（丁）影钞本　行间字画,悉遵宋元本,摄影追神,如同刊本,故云影钞。

（戊）钞本　出于名人手笔者,则云手钞本,或某阁某斋钞本。宋元明人遗迹,则云宋钞元钞明钞本。其不可考知者,则云旧钞本。校过者则云校钞本。

（己）秘本　世无刊本,而钞本亦罕见者曰秘本。

（庚）稿本　著书人手稿,或写定本,微论已刊未刊,皆足重也。

（辛）名家经藏本　有藏印题跋者,但此当审慎,恐书贾伪作也。

分　　类

旧书分类法

分类之法,始自《汉志》,诸史艺文,私家簿录,皆踵行之。而其部类,家自异撰,各不相同。《四库提要》仿唐秘府藏书之目,概以四部,复于经部分类十,于史部分类十五,于子部分类十四,于集部分类五,类所不能尽者,析之为属（《四库提要》以前诸家簿录有部类而无属,特其部类

32

烦杂太甚,《四库》为并省之而属生焉)。嗣是以后,私家目录,莫不遵之(如铁琴铜剑楼皕宋楼善本书室等)。今标之如下,间有附注,以俟商榷,大雅君子,幸恕其妄云尔。

经部

　易类　　　　（经部一）

　书类　　　　（经部二）

　诗类　　　　（经部二）

　礼类　　　　（经部三）　周礼　仪礼　礼记　三礼总义
　　　　　　　　　　　　　　通礼　杂礼书之属

　春秋类　　　（经部四）

　孝经类　　　（经部五）

　五经总义类　（经部六）　拟名经解类

案五经总义之名,始著于《隋志》,盖袭《汉志》石渠五经杂义之称,《提要》以为近古,故不取《旧唐书志》之经解,《经义考》之群经,通志堂之总经解诸名,而独取此以为标题。然窃有疑者,《大学》《中庸》,本《礼记》之二篇,《千顷堂书目》附于礼类,提要谓此实五经之流别,义足兼该者是也,若论语则向歆父子,已列于经,《孟子》则宋淳熙之世,已别于子,诸儒经解,皆兼及之。若夫《孝经》,《提要》以汉之河间,曾采入百三十一篇之中,遂与儒行同列,目为《礼记》之外篇。然历代艺文,久已别著,奉为一经,虽欲省之,其道不可。由是言之,第云五经,则遗《四书》与《孝经》矣。窃谓经解篇名,见于《礼记》,义主群经,不专一术。阮文达取以名书,于义当矣,其次当援《隋志》录许慎五经异义之例,列于《四书》之末。

四书类　　　（经部八）

乐类　　　　（经部九）

案沈约言《乐经》亡于秦火,后世艺文所录,概非孔子手定之书,则举不足以当经,语其滥则艳歌侧调,并隶云韶,渝舞郑声,皆称雅乐。《四库》既鉴其非,第甄录雅调,以著于经,是诚善矣。顾《礼》《乐》并称,其来已古,故旧目皆列于三礼之后,而《提要》则殿于《四书》之次,于义似无当焉。

小学类（经部十）　训诂　字书　音韵之属

案纬书著录,首见《隋志》,其次在五经《论语》之末,《提要》从略,惟附诸经之后,纬实奇文。周秦之间,俪经而行,后儒掇微,厥类凡七,拟仿《隋志》,仍立纬类,而附诸经之后,以便检索也。

正史类　　　（史部一）

编年类　　　（史部二）

纪事本末类（史部三）

别史类　　　（史部四）

杂史类　　　（史部五）

诏令奏议类（史部六）

传记类　　　（史部七）　圣贤　名人　总录
　　　　　　　　　　　　　　杂录之属

史钞类　　　（史部八）

载记类　　　（史部九）

时令类　　　（史部十）

34

地理类	（史部十一）	宫殿疏　总志　都会郡县　河渠　边防 山水　古迹　杂记　游记　外记之属
职官类	（史部十二）	官制　官箴之属
政书类	（史部十三）	通制　仪制　邦计　军 政　法令　考工之属
目录类	（史部十四）	经籍　金石之属
史评类	（史部十五）	
儒家类	（子部一）	
兵家类	（子部二）	
法家类	（子部三）	
农家类	（子部四）	
医家类	（子部五）	

按《提要》于术数一类，尚分六属，医书之重，顾反缺如。旧志子目，凡数十种，又嫌繁碎，拟以脉经本草炮炙方书四属概之焉。

天文算法类（子部六）		
术数类	（子部七）	数学　占候　相宅相墓　占卜 命书相书　阴阳五行之属
艺术类	（子部八）	书画　琴谱　杂伎
谱录类	（子部九）	器物　饮馔　草木虫鱼之属
杂家类	（子部十）	杂学　杂考　杂说　杂 品　杂纂　杂编之属

按校勘之学，本朝为盛，国初人撰述，提要既已分类著录，无可分者，则入杂家类杂考之属，义已赅备，张文达别著考订之目，殊嫌多事。

类书类　　　（子部十一）

小说家类　（子部十二）杂事　异闻　琐事之属

释家类　　（子部十三）

道家类　　（子部十四）

按曹能始云，释道有藏，而儒独无。蒙谓四部之书，浩如烟海，四库集其成。经传而外，下至小说异闻，莫非圣贤之支流余裔，能始儒藏之望，亦庶几矣。二氏之书，俱有汇刻，其中类别之多，无虑数十种。四库著录无多，故亦不详子目，有大图书馆起，儒藏既立，兼收释道，则必仿郑樵之例详别类属，以悉其原委矣。

楚词类（集部一）

别集类（集部二）汉至五代

按四部之书，别集为繁，收藏之士，固宜断代之外，复依列朝世次，以次排比，藉见世道之隆汙，风格之高靡焉。著录之家，依此例者，则如陈氏之《稽瑞楼书目》，而吴孟举之《宋诗钞》，顾侠君之《元诗选》亦然。由是观之，著录之际，宁详毋略也审矣。先秦之文，所存无几，而泽畔遗吟，提要犹特置一类，若夫炎刘以降，天水以前，时逾千祀，作者朋兴，五季之世，干戈云扰，斯文未盛，《提要》略之是矣。而两汉三国，六朝三唐，固当别属，期使知人论世之士，便于观览也。似可析汉魏、六朝、唐五代为三期云。

按《提要》集部三四，皆著录宋人文集，中原文献，天水为盛，名臣硕学，接武累朝，没世之后，并刊遗集。而江湖之士，长冀立言，以垂不朽者，尤不可胜数也。自唐以前，书鲜刻本,其所传者,大抵皆才人钞笔,纸贵人间。逮乎有宋,刻本盛行,流传愈多。朱明一朝,隆庆之际,唱诗派者,斥宋人为陈腐,抚唐音为袭古,于是三王之集止存荆公,四苏之文,竟遗叔党(乾隆时内府购求叔党集甚急,书贾乃钞宋刘过龙州道人集改刘为苏以应好古者之求。《四库全书》著录之本,系馆臣从《永乐大典》中辑获,虽多残缺,尚是真本,今知不足斋鲍氏亦有生斋赵氏并有刊本)。洎乎本朝,原始返终,黄叶晚村,盛收宋谷,嶰谷樊榭,并辑遗诗,崩竹逸简,采自幽岩。久亡之书,一旦尽出,拟以建隆至靖康为北宋之属,而建祐至德祐为南宋之属也。

按先朝遗老,生存于异代者,史臣作传,未能折衷,遂有一士之名,挂于两史者矣。集部之书,以断代为归,而又不能效史氏之两见,是予夺之权,不可不审,提要于此,皆能略迹而原心,循名而核实,故有前朝逸士,而抗节西山,如谢皋羽林霁山之徒,则入于宋。当代名卿,而裸将周室,如危太朴张志道之辈,则入于明是也。

按《提要》集部五,皆著录金元文集,考金源一代,著述罕闻。张金吾谓金人朴学,不肯动灾梨枣,汝阳板荡,散佚遂多,理或然欤。《四库》所录,集部之书,不过五部,张氏肆意搜辑,别集之数,亦不逾是。《四库》合于蒙古,亦固不嫌其略耳。

别集类五(集部六)

按《提要》于此,皆著录明人文集,只以时代相近,传本未沫,故著录多至二百三十八部,存目多至八百五十八部。京外图书馆，私编目录，存目之例，既未敢援用，千百部之书，汇于一属，检索之时，殊有浩瀚之叹。考明自国初，至于中叶，文学称盛。然潜溪诚意，文足鸣盛，而业在经邦，不以坛坫自命。海叟方洲，以文自劖，而位业不显，未能波靡。当时惟李东阳主持文柄，几四十年，导源先哲，具有典型，一时学者，无不景仰。至北地信阳，别开蹊径。茶陵一派，大为冥汶。其后七子余波，流为剽窃，令人重思东阳，而镫传复属。终明之世，惟此二派，互相代兴，是怀麓一集，实足为明代集部中作一关键矣。以时考之，亦为适中，拟以洪武至成化为前，而以弘治至崇祯为后也。

别集类六（集部七）　国朝

总集类（集部八）

按私家书目，于别集总集多以诗文分属。钱遵王则以诗文并存者入文集，有诗无文者入诗集，人颇讥其烦碎。至于尺牍时文，宫词楹帖，并入诗文，固嫌不类。他若河汾有唱和之篇，戍妇起回文之怨，王船山之落花成集，厉樊榭之南宋名诗，旁至连珠七体，并有专书，志喜遣愁，皆成专刻，斯皆艺圃之旁枝，词场之孤诣。与一生专集，体制有殊，而其分类，亦当有别矣。拟别立一类曰杂著，惟方闻教之。

诗文评类（集部九）

词曲类（集部十）　词集　词选　词话　词韵　词谱　南北曲之属

按《提要》谓南北曲非文章之正轨，故不录其词，惟存其论曲之语，与曲谱曲韵，以备一家。窃谓声音之道，毋

38

取其同,文体靡穷,随时而变。有韵之文,自诗而词,由词而曲,浸至元代,传奇遂兴。律以繁苛而弥畅,声入管弦而皆通。虽云小道,亦文学之附庸,近世之创谈,才人名士,刻意为之,固未可屏为外篇,不予保存也(尝考西方诸国,希腊初造,遂有荷马之诗歌,规其体制大似传奇,吾国此派至元代而始兴,意羲皇之世亦有荷马其人,而今亡之耶,是不可考也)。

按书有汇刻,实昉于宋左圭禹锡之《百川学海》,元末陶宗仪之《说郛》继之。至明而程荣之汉魏,钟人杰之唐宋,胡文焕之百名家书,祁承爍之澹生余苑,秘籍孤本,汇为一部,丛书之名,于焉大著。至于本朝,此风弥甚,一书之中,四部兼赅,提要既就其刊本,分列各类,复附见其总目于存目子部杂家类杂编之中,固已明白甚矣。然丛书所刊,除坊间刊行之续说郛等外,大约全书为多,时有不足,则以所据非善本尔。固非立意删削前人之书,改易名字,别为一书者可比也。入之于子,义固不全,称之为编,事又不当,《书目答问》四部之外,别有丛书部,征之事实,殊不可废矣。

按演义小说,《四库》概不著录。然六经文字,实即上古之谣俗,故左氏以齐语入传,扬雄以方言诂经,自世易时异,语音日改,今日视之,遂为高文典册矣。有宋平世,宫庭清晏,近臣乃录里巷琐事进之,文成白话,体创章回,演义之书,由此滥觞。贩夫俗子,固悦其易解,文人俊士,亦藉为嚆嚎。是固文学之别派，不可废也。也是翁《读书敏求记》，录罗本《三国志演义》(尝见明内府刊本《三国志演义》，模印甚精，张桓侯字今本作翼德，内府本作益德，他与俗本不同之处甚多)，似可援引其例，使演义小说，亦入经藏之簿录也。

已上论旧书分类。

新书分类法，断不能比附旧书，联为一集者，以其统系，至广且博，非四部之界，所能强合也。惟事方草创，前乏师承，适当为难耳。兹本欧美通行之类别目次，量为变通，拟例如下。

哲学部　第一

总记类　字书　哲学史之属

按欧美学术，大抵渊源于希腊罗马，诸国文字，亦莫非相切成音，为旁行斜上之体，故凡发明一新说，创作一新器，其剙门术语，为本国所阙者，可上假希腊罗马之古文，下采邻国之方言，以成新字(如英语 Anto – car 字 auto 本希腊语也，Umbrella 字本意大利语也，若此之类不胜缕指)。义理足赅，语皆典要，无吾国自来水火轮船诸译名之可哂者，其文既富，学者每苦其浩瀚，而不能悉通，故一科即有一科之字书，以为治此学者之秘钥，此亦天下之至便也。欧美目录家，以此入于 Ceneral Works 中，今每部各立总记，而以字书分属之。

论理学类

心理学类　生理心理学　催眠术　记忆法之属

伦理类　总记　伦理史之属

按此一学派，以吾国古先哲人之遗书为盛，故日本图书目录，往往别立一目，曰支那哲学云。

宗教部　第二

佛教类　总记　佛教史　法规　经典　疏解　因明之属

耶教类　总记　耶教史　经典　疏解　寺院之属

诸教类

按摩诃末婆罗波斯摩曼诸教，宗派不盛，或译录不多者，皆可入此。

教育部　第三

总记类　教育学　儿童教育　儿童心理　教育史　教育制度法令　学事报告　统计之属

实地教育类　学校管理法　教授法　各科教授法之属

普通教育类　幼稚园　家庭教育之属

体育类　体操　学校卫生之属

特殊教育类　农业　学校园　水产　工业　女子教育之属

校外教育类　读书法　格言　童话　少年书之属

文学部　第四

总记类　字书　文学史　文学传记之属

诗文类 　唱歌　军歌　日记　诗文评之属

按诗文一类,殊无新旧之界说可证,固当入于旧书集部。但迩日多有编录此体,署称读本,或教科参考者,今故备此一格云。

文典类

函牍类

字帖类

戏曲类

小说类

演说类

书目类

语学类 　国语　外国语　字书　会话　文典　自修书之属

按外国语一类之书,范围至广,当各从其文字著录,于以别设一门,兹所列者,以国语与外国语对译诸书为限。

历史地志部　第五

历史总记类 　世界史　年表　字书　历史地理之属

本国史类

外国史类

传记类

史论类

地志总记类 　政治地理　经济地理　人生地理　地理史　地学

字书　万国地志之属

本国地志类

外国地志类

游记类　指南之属

地图类　本国　外国之属

国家学部　第六

总记类　字书　政治史之属

国法学类　宪法　议院法　选举法之属

行政法行政学类　地方行政　内务行政　财务行政　行政裁判
之属

外交类

法律部　第七

总记类　字书之属

法理学类

古代法制类

刑法类

民法类　注册之属

商法类　外国商法　商标之属

裁判所构成法类

民刑诉讼法类　总记之属

判决例类

国际法及条约类　国际公法　国际私法之属

按条约诸书，当附属于国际法及条约类中，上期失载，谨附注于此。

现行法令类

法律通论类

经济财政部　第八

经济类　字书　经济史　经济学　货币　贮金　保险　殖民之属

财政类　财政学　租税　关税之属

社会部　第九

社会学类　社会史　职业　慈善事业　风俗之属

统计部　第十

统计学类　统计表之属

数学部　第十一

总记类　字书　表解之属

算术类

代数学类

几何学类　曲线法　几何画法之属

三角法类

解析几何学类

微积分学类

44

理科部　第十二

总记类　字书　图挂　笔记帐之属

物理学类　磁气　电气之属

化学类　无机化学　有机化学　分析化学之属

天文学类　历书之属

地文学类

气象学类

博物学类　总记　生物学　人类学　动物学　动物剖解　地震学之属

医学部　第十三

总记类　字书　医学史　器械　试验问题答案　看病学　针灸按摩之属

解剖学类　局处解剖　病理解剖　组织学之属

生理学　生理卫生之属

药物学类

治疗法类　电气疗法　救急法　处方之属

病理学类

诊断学类

内科学类

外科学类　外科手术　绷带学之属

诸病学类　精神病　皮肤病　眼科　喉症　鼻科　齿科之属

妇科学类　产科　妇女卫生之属

小儿科学 *育儿法之属*

法医学类

医化学类

霉菌学类

显微镜学类

卫生学类 *卫生法规 养生法之属*

兽医学类

工学部 第十四

总记类 *字书 用器画法之属*

土木工学类 *铁道 道路 桥梁 治水 筑港之属*

机械工学类

造船学类 *舶用机关之属*

电气工学类

建筑术类

采矿冶金学类

测量学类

航海学类

兵事部 第十五

总记类 *赤十字 军事卫生 图画之属*

陆军类 *服制 军队教育 步兵 骑兵 炮兵 工兵 辎重 图画之属*

海军类 *军舰 图画之属*

兵器类

武艺类　如拳术技击等是

美术及诸艺部　　第十六

书画类

按东洋诸国,列书法为美术之一,而西洋则绝无此思想。绘画类中分画史、画人传、画谱、洋画、水彩画、花邮片、学校用画本等属。印谱、法帖,亦属诸美术范围中。兹不具列者,以画史、传人传、印谱、法帖、诸书,皆可入旧书类子部。欧美新制,如花邮片等,则与旧书不类,似当入此,编者临时裁定可耳。

写真类

印刷类

雕刻类

音乐类　乐器之属

游戏游艺类　煮茶　种花　盆栽　博弈　舞蹈　相扑　击球　游猎　泅水　赛马　赛船　自转车之属

产业部　　第十七

总记类　历史之属

农业类　总记　史传　字书　农政　农历　种子　农业　农业经济　农具　农业土木　农业理化　气候　肥料　土壤　农产制造　除害法　耕种栽培　茶园　备荒之属

园艺类　园亭建筑　花卉栽培　果树栽培之属

山林类 树木栽培 林政之属

畜牧类 养禽 饲蜂之属

水产渔业类 水产制造法 渔业之属

养蚕制丝法类

商业部 第十八

总记类 字书 商业史 商业地理 度量衡 商业算术之属

商业经济类

商品类

银行类

公司类

外国贸易类

报告类

簿记类 银行 家计 农工业之属

交通类

工艺部 第十九

总记类 字书 历史 目录之属

化学工艺类

化装品制造类

饮食物制法类

机织类

金木工类

家政部　第二十

　总记类
　裁缝类
　手艺类
　烹饪类

丛书部　第二十一

　按日本百科全书之目（如帝国百科全书之类），盖译英文 Cyclopeodia or Encyclopeodia 字义也，但英美诸国文之 Encyclopeodia 书，类依字母之次第，联贯而下，凡诸科学，不过采掇要义，以备学者考察而已。语其体例，略与类书为近。唐宋人类书中，如《艺文类聚》《太平御览》《册府元龟》等，莫不采择谨严，包罗宏富。其不善者，乃至芜杂不精，场屋之士，取备獭祭，而类书之价值，遂远出 Encyclopeodia 之下。若日本之所称百科全书，编次不依伊吕波歌，罗刻之书，莫不撰人毕具，首尾具备，雅似吾中土之丛书。其异于丛书者，则丛书可以随手掇拾，而百科全书，必群学悉备也。但丛书之名，较为习闻，而近日坊肆中，亦有《富强丛书》《法政丛刻》诸目。百科全书，亦只可著录于此，惟异同之故，不可不知，故附论之。

杂书部　第二十二

　按自来著作之人，随意拈题，斐然有作，识大识小，各以成书，殊有难以确定其为某部某类者，故目录书于史子集三部，并立杂类，所述琐屑，或途兼众轨，不能定其界说者，则入之。新书其尤甚者也。

今之开图书馆者，大率意在保旧，汲汲皇皇，以其竭蹶之经费，广搜宋椠旧钞，鉴别不精，又往往受贾市之欺。而新书则不屑一顾及之，呜呼误矣！图书馆之命意，原以备一国或一乡人士之阅览，而增进其智识，非如私家藏书之斤斤于目录校勘之学而已，为不负此藏书也。丁此沧海横流，中原陆沈之日，旧学之外，正宜博求新理，以裕济变之才。而今偏去之惟恐不尽，若是者谓之国粹保存处则可，谓之图书馆则不可。吾愿今之左右其事者，慎勿自护己短，而张图书馆不藏新书之说也。

东文书之分类法，略同于新书，惟文学中宜加入别集一类耳。

已上论新书及东文书。

西文诸书，上海汉口天津等口岸，稍有书肆，以应需求。然书既不备，而价值又较其本国加至倍蓰。其他城镇，市上之所有者，惟读本文法字典，诸凡数见不鲜之书数册而已，有志博览者，尤抱奇书欣赏，一鸥莫假之憾。图书馆宜择其难得之书，购致庋藏，以成嘉惠之盛心也。吾国学校，类以习英文者为普通，兹之分类法，本美国纽约图书馆长 Melvil Dewey 所撰之"十进分类法"（Decemal Classification）一书为主，今最通行之目录也。群书报章，统分十部。十部者：一曰总记部（General Works）；二曰哲学部（Philosophy）；三曰宗教部（Religion）；四曰社会学部（Sociology）；五曰语学部（Philology）；六曰理科博物学部（Natural Science）；七曰应用的美术部（Useful Arts）；八曰非应用的美术部（Fine Arts）；九曰文学部（Literature）；十曰历史部（History）。立此十部，更析类属，今胪述下方，以供从事于斯者之借镜焉。

总记部 （第一）

书目解题类（Bibliography）

书目编辑之法，其道甚烦，总举宏纲，途兼众轨者，则有 General bibliography；以作者为主，而以其所著之书分隶之者，则有 General bibliography individual authors；以书名为主，而下详著作人名者，则有 Special classes of authors；著书之人，好署别名，易世易地，考索为难，遂有专精此学者，一一胪列，加以详解，则有 Pseudonyms；考索著作人之国籍者，则有 Countries；诠论书中之大旨者，则有 Subjects；依书名分目者，则有 Classed catalogus；依著作人分目者，则有 Author Catalogy；字书之目录，则有 Dictionary catalogus。

图书馆办理法类（Library Economy）

推究图书馆之建筑法者，则有 Building；创造之后，议所以扩大其藏书，开拓其馆舍者，则有 Scope and founding；论管理办事之方，则有 Government and service；示借阅者以规则与法度，则有 Regulations for readers，Administrations，Departments；处分图书馆特别之事故者，则有 Libraries on specialsubjects；造报告书以告于众，则有 Reports；通论图书馆事，则有 General libraries；如何则入内借读之人，易于获益，则有 Reading and aids；进求办理上简捷之法，则有 Labor savers；分类之初步法（如 Reader 则不论何种皆先入之，而后复睹其主述 History 者，则入 History 类是也），则有 Literary method。

百科书类（General Cyclopeodias）

总集类（General Collected Essays）

杂志类（General Periodicals）

日报类（Newspapers，Journalism）

按已上四类，皆以近世国语 Modern langauage 为别，其特著者则为 American，English，German，French，Italian，Spanish 六国。凡俄罗斯民族之语，则属之 Slavic；瑞典挪威之语，则属之 Scandinavian；此外诸国，概不别为著录，而统称之曰 Minor languages。

杂书类（Special libraries）

版本之学类（Book Rarities）

古书惟写本，今亦有之，辨其新旧真伪者，则有 Manuscripts；欧西古者亦行雕板，则有 Block Books；古时印本流传绝少，今断自千五年以前刊行者，谓之 Early Printed，则有 Incunabula；印刷业未盛以前，私家著书，多自刊布，则有 Privated Printed；古书之装订，及其所用之纸料，书中之图画，皆与时刻不同，则有 Rare binding，Rare illustrations，Materials；古书聚散，皆有经藏源流可考，则有 Ownership；书干禁网者，流布不广者，则有 Prohibited，Lost，Imaginary。

哲学部（Philosophy）（第二）

哲学类（Philosophy）

哲学类有应用的（Utility），有择要的（Compends），通释其习语者，有 Dictionaries；九流分轨，各标异说者，则有 Essays，Periodicals，Socicties；专为学徒教师之用者，则有 Study and Teaching；譬喻之辞，而或一语千金，终身可行者，则有 Polygraphy，Maxims；哲学之由来，与其变迁，则有 History。

形而上学类（Metaphysics）

此一类书，实百科之先导，群学之渊源。其目有本体论（Ontology），有方法论（Methodology），有宇宙论（Cosmology），有时间（Time）空间论（Space），有行动（Motion）物质论（Matter），有数理论（Quantity）。

形而上学的理论类（Metaphysical Topics）

其目有知识论（Knowledge），有原始论（Origin）范围论（Limits），有事物公例论（Causation），有始终论（Cause and Effect），有自由与必须论（Liberty and Necessity），有物终论（Teleology）归结论（Final causes），有无定或有定论（Infinite and Finite），有有觉或无觉论（Consciousness or Unconsciousness），有灵魂论（The Soul），有灵魂原始论（Origin of the Individual Soul）。

心身类（Mind and body）

其目有心之生理与卫生论（Mental Physiology and Hygiene），心神昏瞀论（Mental Derangement），幻象论（Delusions），魔术论（Witchcraft），幻戏论（Magic），催眠术论（Mesmerism），神视力论（Clairvoyance），睡梦论（Sleep Dreams），梦中行动论（Somnambulism），性论（Mental Characterists），别性论（Temperaments），相人术论（Physiognomy），相脑论（Phrenology），心之感受论（Mental Photographs）。

哲学的统系论（Philosophical Systems）

其目有理想论（Idealism），超绝论（Transcendentalism），批评的哲学论（Critical Philosophy），原知论（Intuitionalism），经验论（Empericism），唯觉论（Sensationalism），归一论（Eclecticism），崇实论（Materialism），实验论（Positivism），天地即神道论（Pantheism），哲学杂论（Other Philosophical Systems）。

知识类（Mental Faculties）

其目有智慧论（Intellect），凡感受（Sense Perception）、

了解（Understanding）、记忆（Memory）、逆忆（Imagination）皆属于智慧内之事也。

论理学类（Logic）

其目有推究论（Inductive，谓自万殊而归一定），折衷论（Deductive），承认论（Assent），表号论（Symbolic），原误论（Sources of Error），三段演法论（Syllogism，三段法之有一不备者谓之 Enthymeme），假定说论（Hypotheses），辨究论（Argument and persuation），譬喻论（Analogy）。

伦理学类（Ethics）

其目有伦理学论（Theories of Ethics），国家的伦理学论（State Ethics），家族的伦理学论（Family Ethics），实践的伦理学论（Professional Ethics），游戏的伦理学论（Ethics of Amusement），男女间之伦理论（Sexual Ethics），社会的伦理论（Social Ethics），节欲论（Temperance），伦理学杂论（Other Ethical Topics）。

上古哲学派别类（Ancient Philosophers）

析为东方派（Oriental），古希腊派（Early Greek），苏非斯与苏格来派（Sophistic and Socratic），柏拉图派（Platonic），阿斯他特派（Aristotelian），毕尔呼派（Pyrrhonist，亦称怀疑派），以彼古林派（Epicurean，亦称行乐派），司他克派（Stoic），耶稣教之初及中古期之哲学派（Early Christian and Mediveal）。

近世哲学派别类（Modern Philosophers）

近世哲学,初虽祖述希腊之遗说,终乃冥虚考实,极古来未有之大观。其派别以国为纲,有美（American）、英（British）、德（German）、法（French）、意（Italian）、西班牙（Spanish）、司拉夫族诸国（Slavic）、司干第奈芬半岛诸国（Scandinavian）,此外皆不详,而总入诸 Other Modern 云。

宗教部（Religion）（第三）

宗教类（Religion）

其目有宗教的哲学论（Phylosophy，Theories）,节要论（Compends）,字书（Dictionaries）,文集（Essays）,杂志（Periodicals）,宗教的社会论（Societies）,宗教的教育论（Education，Theological School）,神学史（History of Theology）。

自然神学类（Natural Theology）

其目有自然神与无神论（Deism and Atheism,自然神教谓信有上帝而不信默示录者）,普神论（Pantheism）,接神论（Theosophy）,造物论（Creation）,进化论（Evolution）,天堂论（Providince）,天命论（Fatalism）,宗教与科学论（Religion and Science）,罪恶论（Evil）,祷求论（Prayer）,再世论（Future Life）,不死论（Immortality）。

圣经类（Bible）

旧约（Old Testament）中有属于历史者（Historical books）,有属于诗歌者（Poetic book）,有属于预言者（Prophetic books）。新约（New Testament）中有福音及事迹（Gospels and Acts），有保罗书（Epistles），有默示录（Apocolypse），有伪经考（Apocrypha）。

教义类（Doctrinal）

其目有上帝论（God），同源论（Unity），三位一体论（Trinity，三位谓圣父圣子圣灵也），基督论（Christ），人及罪恶论（Man），超度论（Salvation），天使论（Angels），魔鬼论（Devils，Satan），末日论（Eschatology，谓死亡与死后之审判），信仰论（Creeds），证经论（Apologetics）。

信仰及实践类（Devotional，Practical）

（原书未完）

图书馆管理法

朱元善 编纂

本书据商务印书馆 1917 年 6 月初版排印
（原书无标点符号，编者后加）

目　　录

第一　图书馆之种类

图书馆性质,分参考、普通二种,有参考、普通相兼者。参考图书馆,主搜集高尚图书,资学术技艺之研究,亦可称高等图书馆。其图书宏富,足供来阅者应用。普通图书馆,则准备通俗图书,借出馆外,便公众阅览,以资修养。故参考图书馆,以管理法为重,尤置重于目录编纂法。通俗图书馆,以适当图书,为简易敏活之出纳,利用图书普及之效果。但非若学校制度,确有高等与普通之界线。故亦因地方之必要,与经济之状况,而普通图书馆,亦略具高等图书馆之准备。欧美都市图书馆,极尚此制。若乡村图书馆,妄集高尚珍奇之书,而弃通俗普及之性质,则非所宜也。

又行政厅博物馆学校等处,均有附属图书馆,或为参考,或为普通,则由其所收图籍而异。

从图书馆之维持法区别之,则有官立公立私立三种。官立有国立或行政厅附属之别。公立有郡立县立乡镇立者,以其经费之从出,而称名各异。私立图书馆,有属于学术协会,或各职业组织者,有集股开设者,或以图书赁人而谋利益者。若学校博物馆等附属之图书馆,则亦视其维持方法,而可别为官立公立或私立也。

国立图书馆,以国税维持之。搜集古今中外图书,便国民之使用。若英国博物馆之图书部,法国国民图书馆,德国王国图书馆,美国议院图书馆,日本帝国图书馆。其维持金皆甚巨,如英美两国,每年殆百万元。

公立图书馆,久认为教育上必要之机关。欧美各国,提倡不遗余力。千八百五十年前后,英美两国,皆以图书馆故,特许地方课税,于是各处图书馆相继设立。今英以数百计,美以数千计。其大者常年经费约数十万元,如英之利物浦图书馆三十万元,美之波斯顿图书馆七十五万元,芝加哥图书馆则五十万元云。

学术协会图书馆,如史学、医学、法学、理学、基督教等会所设,以图书供会员使用。藏书虽少,而许会外人自由阅览(但须会员介绍),其影响于社会教育亦巨。

以集股兴办者,如英国之伦敦图书馆、美国波斯顿市之波斯顿图书馆是,而以佛兰克林氏所设于费拉迭费者为其嚆矢。当初创时,由数人发起,征集会员,募集基本金。其中亦有捐助金录,或输纳产业者。今会员额数已达万人以上,其基金亦在百万元以上。凡基金之子息、会员之年捐、新会员入会费、会外人阅览费,皆以之充维持费云。

以图书赁人而谋利益者,虽属营业性质,若施行适当,亦大有裨益于教育。否则弊多而利少。

第二　近世式图书馆之特征

同一图书馆,有古代式近世式之别,不可相提并论。古代图书馆,仅知保守古籍,不事扩张,置闲散老学究,充保管员,不过许一二相识者,偶一入览,无裨世用。近世图书馆,则广搜有用图籍,陈列整齐,编纂目录,以供社会之研究。故古代图书馆,若贮池之水,不曾流通。近世图书馆,如喷水然,书籍转辗流动。今试举其特征如下。

一　近世图书馆,系由公立,经费多出于课税,其书籍概供公众阅览。

二　书库之开放　从来之图书馆,其书库皆常常锁闭,阅览者须就目录检出所要之书,向馆员借阅之。近世主持开放,阅览者可亲就架上任意取阅。此种新制,裨益阅览者,固不待言。在十余年前,虽有以书籍损失为虑者,后知所得过于所失,此制遂通行也。今美国除大图书馆外,皆采用斯制。而大图书馆中,亦特备数千万卷,陈列架上,许人自由阅览。

三　儿童阅览室　儿童则特设阅览室。室之四周,环置书架，陈列儿童用各图籍，使儿童任意翻阅，并设主任以管理之。其主任者不独于儿童之读书为之监督，又以书籍杂志之使用法，图画之展览说明，及种种有益谈话，以诱掖儿童对于书籍之趣味。盖图籍之感化力，最为伟大。一生知识，渊源于此。故尤置重于读书之习惯，欲以娱乐与利益养成儿童之读书趣味也。但此种阅览室，颇有持异议者。利害若何，乃一尚待研究之问题焉。

四　图书馆与学校之联络　近世学校教育仅备直接必需之参考书，而襄助教科各书，靡不利用图书馆。故馆中设教员室，备最新且良之参考各书。又设经理专员，司学校领缴各籍，彼此接近，联为一气。有时教员率生徒来馆，以其图书资授教之用，或使生徒阅书，或教以图书之用法。又如借给书籍，供教员学科之参考。或更分借生徒，养成少年读书之习惯，使卒业后，便于自修。凡是诸端，学校与图书馆，颇有指臂相助，共图教育普及之势。故近世学校教员，亦学图书馆管理法，今美国已有于师范学校讲习是法者矣。

五　分馆之制　为扩张图书馆事业，凡都市皆设分馆、配置所、经理处等。

分馆者，亦一完全图书馆也，各种设备具全。惟购办书籍，养成馆员，编纂目录各项，仍归中央图书馆主办。其选择书籍，录用馆员，则责成分馆长。

配置所，由中央图书馆配置图书，屡为交换。其性质亦类巡回文库。

　经理处者,为中央收发机关。读者欲得何书,可向经理处声明,则代为索取。读毕,仍送原地归还。有以普通商店司此职务者。

第三　图书馆之必要

论图书馆之必要，与论图籍之效力同，无待多言。要之所以启发人之智能，涵养人之德性，开国家之文化，促社会之进行者也。馆内搜集古今英雄豪杰之事迹及东西学者之著述，使阅者尚友千古，神交四海，自然受其感化诱掖。此图书馆必要之一大理由也。

但图书馆种类不一，故其必要之理由，亦有异同。所谓国立图书馆者，不但广罗古今中外图书，以供公众阅览，又以保存为目的，盖就一国之图籍而搜集之，保藏之者，此国家之责。又统计本国出版之图书，以明文化之等程，网罗外国出版之图书，以资学艺之进化，此亦国家之责也。而如此规模宏远之图书馆，决非一地方一私人所足胜任者，是国立图书馆之所以必要也。

至于地方图书馆，设置稍异，仅应地方之所需，以图其便益而已。试思之，地方而有公立图书馆，则虽资财不足，师友缺乏，仍得研究学术，调查事实之利益，便何如耶！故从事著述者，独学研究者，其以是为幸福无论矣。

即从事各种职业者,亦能于职务之余,利用其图书馆,藉慰疲劳,增进智识,养成个人之好习惯,是其影响于国利民福,岂浅鲜哉。

且图书馆与学校相对待,其于普通教育,尤视为必要。故美国多唱图书馆为普通教育之一部,其说已略述于前。总之图书馆者,为教育上必要之一机关也。

抑教育也者,不得但以学校为足,且学校教育之所及,其范围亦自有限。惟图书馆,则能补所不足,达所不及,以完成一国之教育。如学校教育,既限年龄,又拘资格,受教育者当然少数(高等教育尤甚)。而图书馆自少至长而老,皆得就学。彼下级学校生卒业者,果有志上进,即可不经上级学校之门户,自进而研究之。不惟有修养身心之效,兼有精进职业之益。图书馆之为国民教育之一机关,固欧美各国所同声认定者也。苏达利西博兹曰:"既费多金,兴办小学教育,而吝于开设图书馆。此犹一百元可完成之物品,既费九十七元,而吝惜三元耳。"哈古司理曰:"对于小学卒业生,不给与可读之书籍,犹教之使用刀匕,而不与以食饵。"至哉言乎。

凡小学卒业生,不能入上级学校者,十尝八九,所资以为后来之修养者,非不可多设补习学校讲习会等。然范围究小,有普及之效力者,其惟图书馆乎。闻之各国,入都市图书馆者,无职业之青年最占多数。若辈皆卒业于下级学校,既不能复入上级,又不能就职,今有图书馆在，使其有自修研究之机会。则所以发挥学校教育之效果者，不其大乎。昔福兰克林，十三岁退学，卒以自修，而为一代伟人。故福氏愈认图书馆为必要，建设费府图书馆会社。迦奈格氏幼时不能受学校教育，尝借览安德乐孙氏藏书，且工且读。遂以他日得志，必广设图书馆嘉惠贫士自矢。故今日投金巨万，奖励图书馆事业焉。如二氏者，固天降之才，然其成功实得力于自修，故深信图书馆之必要而有益若此。世人盍亦以二氏之志为志乎。

要之以形式论，学校教育，固已满足，若言实际上之效果，则图书馆必不让于学校，在学校设备不完之时尤然。况以经费言，又视学校为少乎。

今录述新次君论图书馆之利益，以申前意。

（一）图书馆对于学校学生，大能裨益课业，当学生困于课业时，更能藉图书馆以慰悦其精神。

（二）由学校半途退学者，可就图书馆续习其学业。

（三）卒业于学校而更无修学之便者，可就图书馆增进其既修之学科。

（四）有每日奔走市场，或劳动田亩者，入夜可就图书馆得职业知识之益，且能谋晚餐后之愉快。

（五）晚近著述印行，日益增多。谁能悉数采购，以供众览？此非图书馆不办。苟设之乡村，男女老幼，教员公吏，均得增进知识，裨益身世。

（六）养成读书之嗜好，盖读书为得知德之源。舍是不能通社会之理，全处世之道。故嗜书者，知识自进，品谊自高。风俗于以善良恶习于以消灭，闲居为不善以及好逸恶劳者流，可不期而自绝矣。

第四　图书馆之创立

创设图书馆，第一须得适当人主任；第二须选择图书。而建筑问题，宁居其后焉。世固有建筑轮奂，然但搜集旧藏书及各方之寄赠书罗列其中，于普通人士，殆无大用。而主任者又以闲散无能或有力者充之。若是者，固亦俨然谓之图书馆矣，而实效果能举乎。普通谓图书馆之要旨，第一在建筑，第二评选图书，第三采用人物。此实误本末之甚者也。实际创立之初，不妨以寻常屋宇充之。但得适当之人，为之主任。先尽目前财力所及，采选图籍，迨成效已彰，筹费自易。至其时，再谋完全之建筑，未为晚也。由是言之，故以主任得人为第一义。其人资格，第一有高等之普通教育者；第二有图书上之知识者；第三通晓图书馆之执务法者；第四略明教育者；第五富于常识，有执行事务之手腕者。五者具备，斯可谓之适任。虽在通俗图书馆亦然。溯图书馆之起源，盖有种种方法。有由一二发起人劝导同志，每年各捐一定金额，购集图书而保存之。而会外各员来阅书者，则按每年或每月每日酌量收费者。有由读书会讨论会文学会等,搜集图书,而发起图书馆者。又或数人相集各购著名杂志互相交换轮读,假如有十二人之组合,各购杂志一种,十二周间,便得读杂志十二种。以此荟萃一所。是亦可谓为图书馆之滥觞也。

学校附设图书馆,而逐渐发达,至供公众之使用者,亦往往有之。其初仅由学校图书馆,搜集字书地图,渐进更购备百科字典,及各科参考书补助书等。继乃借与学生,其后既惹起公众之兴味,乃有捐金为助者,于是逐渐推广。每周订定时间,开公众阅览室,兼可借出。此学校图书馆发达之次第也。

山口县图书馆长佐野友三郎氏,谓自始即以经营公共图书馆为乡村事业之一。固属有望。然如由校友会青年会等利用小学校内之一室,创设简易私立图书馆。迨其效既溥,而后移归乡村事业亦可。以二十坪内外之教室,于其两旁设简易书库,不难收纳二三千册之通俗书,其中央则可为阅览席。今县内之图书馆,以裁缝唱歌室充阅览室之用者,亦既不少。如此则书架及图书外,不须多费。苟经理得宜,则地方士绅之以藏书相委托,或以之寄赠者,亦必易致。但寄赠与委托,勿徒贪多。虽收藏不富,但令寻常日用图书,大致具备,亦无妨矣。抑所最患者,在图书之供给不足,阅者日少,将自类于消灭也。然如利用巡回文库,每四越月,自中央图书馆供给新籍,则亦无足虑矣。

若夫规模大而效用溥之图书馆，则不得不恃诸公立。欧美为开设公立图书馆，特订课税之法令，前既述之矣。当决定设立时，则由市长派员，管理资金及创立事务。其经费虽恃诸课税，然地方公民，慨捐巨金以充一切费用者，亦复不少。今欧美富豪之捐助图书馆者，合算其金额，约达数亿元。彼巨富迦奈格氏，一人所捐，有一亿一千万元以上。可云盛矣。

若地方本有酿金图书馆、文学协会之图书馆等，亦可向之劝说，移作公立图书馆之基础。盖分而为之，规模不完，管理不同，自不如合而大之之多效也。或更于选书之前，劝导公民，移其所可割爱之普通图书，寄赠于馆。则购书之费，为之稍省，即可移其资以购佳籍。是亦一法也。

第五　图书馆之建筑

大图书馆较之小图书馆，建筑不同，体裁全异。大图书馆其计画自应阔大，小图书馆其规模自应较小，此不待言也。惟图书馆虽有大小，而图书之日增月进，二者必无大异。故当建筑图书馆时，必研究图书馆之现情，及将来发达之设施，至少须计及十年以后。无论石造或砖造，预定将来如何增筑。增筑时，如何不失现在建筑上之便利及配置，务使外观内部，两无窒碍，此第一宜注意者也。

大图书馆之事，姑置勿论。兹就目前之情形，述建筑之概略。

图书馆之地点，应在中央及交通便利之地，又须与教育卫生，均无所碍。且不宜与喧哗之市场接近，有妨读者。

图书馆之建筑，以全石造或全砖造为最上。一部砖造或石造一部木造次之，全木造为最下。最上者需费甚巨，举办较难，今言其次。书室用砖造，阅览室用土造（以土涂四壁），其他用木造。惟砖造与木造之间，宜定若干

14

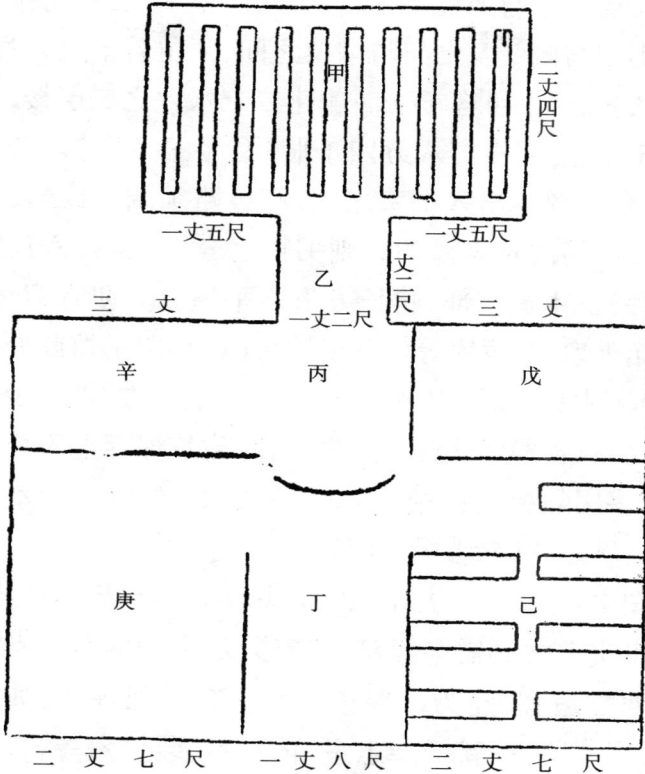

第 一 图

四 丈 二 尺

二丈四尺

一丈五尺　　　　一丈五尺

一丈二尺

三　丈　　　　　　　　三　丈

辛　　　　　丙　　　　　戊

甲

乙

庚　　　　　丁　　　　　己

二 丈 七 尺　　　一 丈 八 尺　　　二 丈 七 尺

辛　庚　己　戊　丁　丙　乙　甲

新闻室等　如广阔得分割为目录室　女子阅览室及新闻杂志室等儿童室　备考　特别阅览室得用为　事务室　儿童室　阅览室　特别阅览室　借出馆外室　出纳室　走廊　书室

距离,中用走廊接续。倘一方万一有变,不至殃及他处。

15

又得为异日增筑书室之计划。砖造者,可筑二层三层之楼。每层承尘与地板之距离,约八尺至十尺,其间排列书架。书架与侧壁及书架与书架之间,须留若干尺之过路。排列法:一坪书可容千册。若建二十八坪之二层楼,容五万六千册,三层楼容八万四千册(参考第一图)。若开放书室,令读者得出入书室之内,则过路须阔,且必须在书室内设简易阅览席。如此则书籍之容量又减(六尺平方为一坪)。木造之部,建长方形之平屋。分便宜阅览室、借出馆外室、儿童室等。置出纳台(在小图书馆此处为馆长席)于中央,以便图书之出纳,及监视四方,得以少数人管理之,藉省费用。各室之界画,除建筑保存上不可缺者外,务多用隔板或铁栅,得以随宜变更,如以一大室分为若干区域之状(参考第一图)。

图中木造部,广九十六坪。其阅览室约容七八十人。惟因事实上之必需与经济之情形,尽可增减其坪数。或以基地之适宜,建为二层楼亦可。若增加坪数,如特别室、女子阅览室、新闻杂志室、休息室、装钉室等,皆得便宜增设。如为二层楼,则楼上全为阅览室,楼下设其他各室。但楼房不便管理,需费亦多。小图书馆务宜避之。惟附设讲演室、博物馆等,必须用楼房者,则不限此。

全木造之室,为方形。除必须之隔壁外,用隔板或铁栅区分各室。以中央为借出室,中置出纳台,或馆长席,左右为阅览室、儿童室。前部正门,后部图书室、事务室等(参考第二图)。

第 二 图

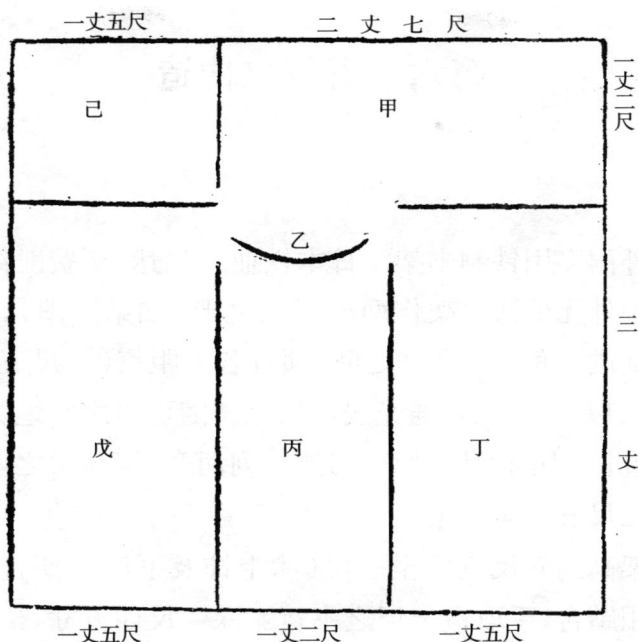

甲　图书馆
乙　出纳室
丙　借出馆外室
丁　阅览室
戊　儿童室
己　事务室
备考　可分为目录
戊　室或新闻室

　　此图以四十九坪计算,其图书室得容一万册(此处如筑高八尺至十尺之二层楼得容二万册)。阅览室容三四十人。亦可由事实上之必需与经济之情形,增减坪数。

第六　书架之构造

外国多用铁制书架。日本铁业不发达，所费匪细，故用木制外无他法。架作两面可取之形（如第三图），排列法与壁成直角。壁与架之间，须有若干距离（二尺五寸至三尺），以为过路，且通光线。架之长随可占之空地为衡。如嫌过长，中间可设过路，书架排列两旁，架与架之间，设过路二尺五寸至三尺。

架高约六尺五寸至七尺（除上饰及下座），使普通人能不用踏台，手取最上层之书籍。深一尺四五寸，架之两面，皆可陈列，中间分界（厚一二寸之薄板纵横钉之），设有空隙，便空气流通。

隔板阔六七寸，长不越三尺六寸。隔板如须活动，随宜上下。伸缩架中之地位，令大小书皆得陈列，则必用第三图（庚）之构造。惟用分类陈列法，大小书籍自当置于一架。则豫定架间之距离，将隔板坚钉，不令活动，亦无妨也。

以上书架，陈列美浓板以下（洋书八号以下之纸）之

18

第 三 图

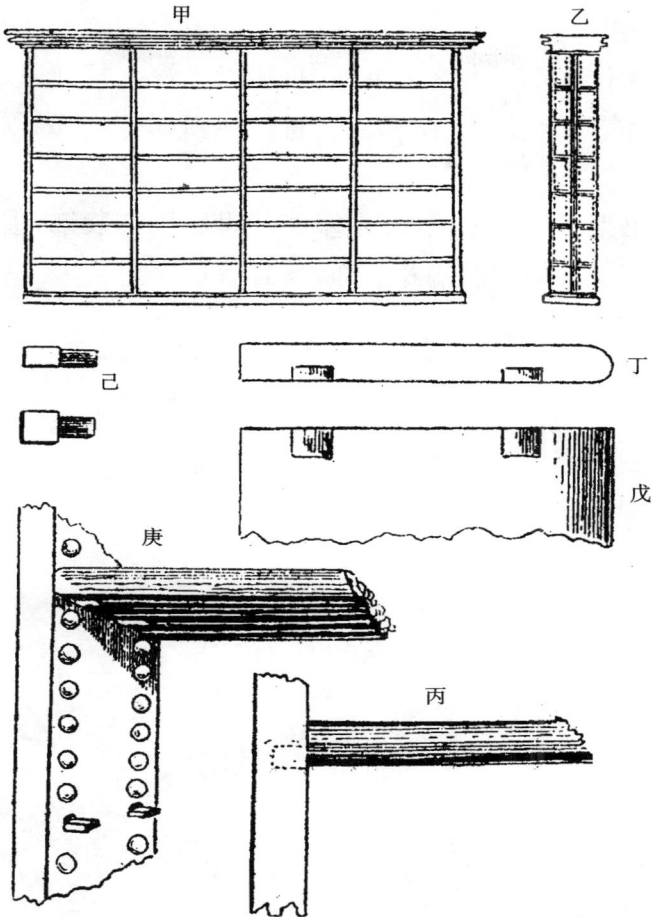

甲　书架

乙　架端坚柱之内面凡分界隔板钉孔等形

丙　坚柱之截面以支隔板及钉者

丁　隔板之端钉孔之截痕

戊　隔板之下面

己　钉（以木或铁制之）

庚　支钉及隔板之状

书籍,可为小图书馆藏书之用。若有大部图籍,须另为准备。

或作上小下大之大书架,自腰以上深二尺,腰以下深三尺,陈列相当之大图籍。若置钉成新闻等物,尚须作更大之书架。

书架所用之木质,务须坚实。毋庸别加装饰,但涂洋漆三四层。架之两端及上饰,须磨治光洁。

第七 馆务之顺序概要

今将图书馆之经理方法，依次论述。惟小图书馆不必拘泥是说，但取舍折衷，以取简捷足矣。

（一）注意书籍之广告批评，查核图书馆之所必需及资费之多寡。

（二）将定购之书目纸片，顺次排列，检查重复。

（三）制购书目录，送交书肆（大图书馆经馆长认可）。

（四）查照发票领收书籍。

（五）检点书籍盖印毕，注意装钉勿任松懈，开闭勿任破损。

（六）寄赠书籍，发收据谢信，登记寄赠书簿，盖寄赠书印。

（七）书籍记入总簿。

如书籍号数未定，当更记入，第（十三）项之总簿。

（八）书籍分类编号。

（九）书架为整理之准备，黏贴书架笺书籍袋。

（十）将书籍记入书架目录。

但书籍编号，在目录编纂后者，记入第（十五）项之书架目录亦可。

（十一）书目录纸片（著者名书名及册数目录）。

（十二）书续购之书籍目录（备揭示馆内及登载新闻）。

（十三）将书目纸片依号数次序整理之，记其号数于总簿。

（十四）纳书籍于架中。

（十五）书目纸片依数目或分类整理之，编入总目录。

第八　书籍之选择

图书馆之性质，在购买图书。大学图书馆与公立图书馆异，农业图书馆与神学图书馆异。但大国立图书馆，不尚选择而尚搜集，凡各种学科，皆期完备。专门图书馆，关于各专门学之图书，统宜搜集。

选择图籍，本极困难。公立图书馆之选择法，当察社会程度。若背社会之希望，漫不加察，虽有改良社会目的，搜集图书，无论如何妥善，读者不喜阅览，不能达图书馆之目的。然使全盲从社会之希望，又不免标准低下之谤。为图书馆长者，虽必须博采众说，要当以一己之识见为选择取舍，执中进行。先察读者之种类性质及知识之程度，并准资费之多寡，为大多数人谋幸福。例如制造繁盛地，当备特别工业必须之图书。海滨地，备海洋、船舶、渔业等书。商业地，备商业、银行、经济、财政等书。农业地，备农林、家畜等书。文学家荟萃之地，图书之大部分，须为文学、历史、美术等籍。又无论何地，皆当为校中学生特备相当之书籍。

对于普通方面，以有益有兴味之佳书为首。凡可助家庭及集会谈柄之文学书类,有美评之小说类及渔猎游戏等书,皆当搜集。总之,社会各种阶级皆当有书籍以供给之,使之各随能力随意阅览。盖普通人士有文学之修养者少,贯入读书之嗜好而发达之,实公立图书馆目的之一也。嗜好益进然后更以佳书恣之阅览。若青年时代不养成读书之嗜好,其后发达将益难矣。

凡关于本地之历史、地理、理科等书,及本地人所著之书,当广为搜集,以养成对于地方之兴味。

百科字典、普通字典、及地名人名理科等辞典,创建之时,均须准备。惟当择一般读者应用之物,学问家所需者,不必多备。关于参考及理科、实用技术各图书,必须最近出版者。最先出版之书,仅有历史上之价值,除专门图书馆外可不备。动植物及地质等图书,本国著述,较重于外国。惟苟论述该学科之全体,而著者又为斯学之大家,则不在此限。

凡中等图书馆所集专门书,至何种程度为止,极费商榷。凡过偏之书,党派之政治及宗教等书,最宜先避。

要之图书馆为地方精神之中心,裁成地方学者,不惟准备公众所需之书籍,图书馆长且当洞瞩将来之事业,筹备必不可缺之图书。惟须不偏于私好,并于一切争论之问题,持之以公平。

图书分类之比例,各图书馆有异同。美国图书协会,尝准备五千册之模范图书,出赛于芝加哥万国博览会。

后又选备八千册,出赛于圣路易博览会。其分类比例如下。

类　别	芝加哥博览会		圣路易博览会	
	百分比例	册　数	百分比例	册　数
总　记	四	二二七	一·九	一四八
哲　学	二	九六	一·九	一四三
宗　教	四	二二〇	四·二	三一九
社会学	八	四二四	八·	六〇四
语　学	二	一〇八	一·六	一二三
理　科	七	三五五	六·二	四七一
实用技术	五	二六八	六·	四五三
美　术	四	二二五	四·七	三五四
文　学	十四	六九四	一三·四	一〇〇一
传　记	一二	六三五	一三.五	一〇二〇
历　史	一五	七五六	一三·三	九七三
游　纪	八	四一三	九·一	六八五
小　说	一六	八〇九	一六·三	一二二六
总　计	一〇一	五二三〇	一〇〇·一	七五二〇

　　采购图书,当款绌时,可先择价低必要者购办。价昂之书,至后来尚非必要者,不妨缓购。如有价廉而用同者,购以代之。近来印刷日盛,多数佳书,以丛书体发行,廉价可得。惟图书馆所用,须纸质佳美,印刷鲜明。盖书籍之形式,亦属于教育,表里美丽之佳本,虽未受教育者,亦能注意珍爱。

　　参考图书馆,虽不及备重复图籍,设分馆时,自在所必需。大学图书馆,供多数学生取用,尤须有重本。又借书图书馆,经费如足,最良而必需之新图新书,应购数部。

盖此等有用之图书,虽重十部,较诸购不甚需要者之十册一部,尚大为得策也。

选购图书,能以性质相同名誉彰著之他图书馆目录,取为标准,最为良好。惟无论何种图书馆,因购买之失误,或寄赠书籍之不加甄别,不免略藏一无所用之书。且虽属佳书,无最新最佳之书以继之,则各种书目,即有陈旧之慨。

用信函及回环信函(多记受信人之名使彼此回环通达者)新闻等,催促书籍杂志之寄赠。又来馆阅览者,或为劝购图书馆所未有之书籍时,则馆员对于其请求,应以十分诚意迎之。选择近刊图书,当注意文部省编纂之标准目录、帝国图书馆馆报、书籍商组合出版目录、现今发行各目录等,比较研究,并由读者之报告、与一己之观察以定之。

购办外国书,当采美国图书协会稣林成氏精本目录。其近刊各书,宜以 ALA 书目、图书汇报、图书周报、学灯为主。他如普通专门各杂志所批评,均可参考。

第九　书籍之定购

订购图籍，先用纸片载书名、著者姓名（洋书同）、出版地、出版年月、发行人姓名、价目等（第四图甲），类聚整理，交经理购书者（大图书馆准此）。若定书单于前诸项中有不分明者，则更调查之，将纸片增补订正。并核对图书馆藏书目录有无重复，然后图书馆长（大图书馆）决定购否。

第四图甲　定购用目录纸片

	学	修法
		某某著　出版地　出版年月　第几版　华洋装
某某馆		○　　　　　　　　　　　　　　　　　五〇

大图书馆定购多数书籍，欲求外国图书等无错误，当用下式之目录纸片。

第四图乙

书籍号数	著者			
定购号数	书名			
定购日期				
定购地方				
收到日期	版	地	出版人	
摘要可记于	年	册数	大	价
背面	定购人			

著者书名等字，应印成一定之用纸。

应购之图书目录，依甲乙丙之次序（如乙之目录纸片，则依定购之次序，记号数于前方），开列定书单，交付书肆。及图籍到时，检点发票与书有无歧异。误者以铅笔记发票上书名之左侧，再查对定购之纸片。以纸片夹置各图籍中，于是检查书籍之有无脱简及页数之误否。面纸之背，记收到年月日，并盖图书馆印（帝国图书馆盖橡皮制之日期印，以代书写收到年月日，此印可每日变更其日期）。

收到寄赠书，即记入寄赠簿，缮发谢信（少数之寄赠可用明片）。其书与购入者同一办理。惟馆印日期印之外，当记明某人寄赠，或制寄赠书印（空去寄赠者之名），另填寄赠者之姓名。

第十 总簿之记入

总簿为图书馆之财产目录,记录中最为重要。当严密记载,以成图书馆藏书之真正记录,随时得取以证明。其雏形如第五图。

各书必各有登录号数及特别记注。而其所记,必限一线。一页之线数,如限定二十或三十,则所记图书之数,核算甚便。

第 五 图

年 月 日												
登录号数	类名	号数	册数	著者	书名	出版地出版人	出版年	页数	大小	装钉	价格	摘要
四一	二七〇	五		中学教育社	读书法	东京中学教育社	明治三一		小	洋	三〇	
四二	三〇〇	一〇	一	三岛毅	福泽全集	东京	明治一二		中	和	二五	
四三												
四四												
四五												

用纸或洋纸日本纸各随其宜。外国书可用洋纸……装订。

各书面纸之背,亦将号数记入。如其书有遗失损坏等事,总簿上当即扣除,更以新书充补。惟所补新书,勿用旧号数。

哈华特大学图书馆长文查氏,以书架目录代总簿之用,以为总簿非所必需,然赞成者少。且每别备扣除簿。

扣除簿中,凡图籍扣除之故,较记入总簿者为详。有扣除簿者,总簿中但记扣除之日期足矣。图书馆一年所增书籍之数,可由总簿调查,减少之数,由扣除簿调查,其差即各类实在增加之数。

第十一　书籍之整顿

书籍既入图书馆内，即为图书馆所有，亟须从事整顿，以置之架中。

整顿书籍，须先各从该馆所定之陈列法（参考甲陈列法），以所收受之书籍，分别门类〔管陈列与管目录，如各有专属，则书籍由管目录者为之分类，记其类名于纸票（第六图甲），另书目录纸片，夹置于书籍中，交付管陈列者，以资连络〕，各各分配所定之书架，登记于书架目录，记书架号数于书籍内面左侧上部。其定购书籍之目录纸片上及书架笺（第六图乙、叺），亦记此号数，贴于书籍之表纸（洋书则贴于背皮），然后以书籍送交编纂目录者，编入目录。

旧装各书，向用横积，不便出纳。可如洋书陈列法，使其背向前直立之（第六图丁）。或更用书押（第六图丙、呐）押住，以防倾倒。又薄本如旧时装订式者，可合并二三本用厚纸包住。其为小册，则分别门类取其同种类者为合订本。或以书籍状之小匣（第六图戊、哦），纳入十册

31

至二十册为一函,粘贴书架笺于函背,如书籍然,陈列于架上。新到之书籍,既清检后,暂勿陈列书架。置于阅览室中来观者易见之处,以供其阅览。兹将第六图分别列于下及下一页。

第六图甲
分类纸票

| 著者书名 |
| 分类———————————————————— |
| 参照———————————————————— |
| 摘要———————————————————— |

甲　书籍陈列法

陈列法有二种,甲为固定法,乙为自在法。甲就书籍所在之书架号,以为陈列,为永久置于一定之处者。乙就书籍分类之记号,以为陈列,如书籍增加时,得就各记号随时变更其位置者。如书在四三二一·五之书架号,即系三层四列第二行第一架第五之书(定点上第三之数字,所以表层数,其上则表列数,第二则表行数,第一则表架

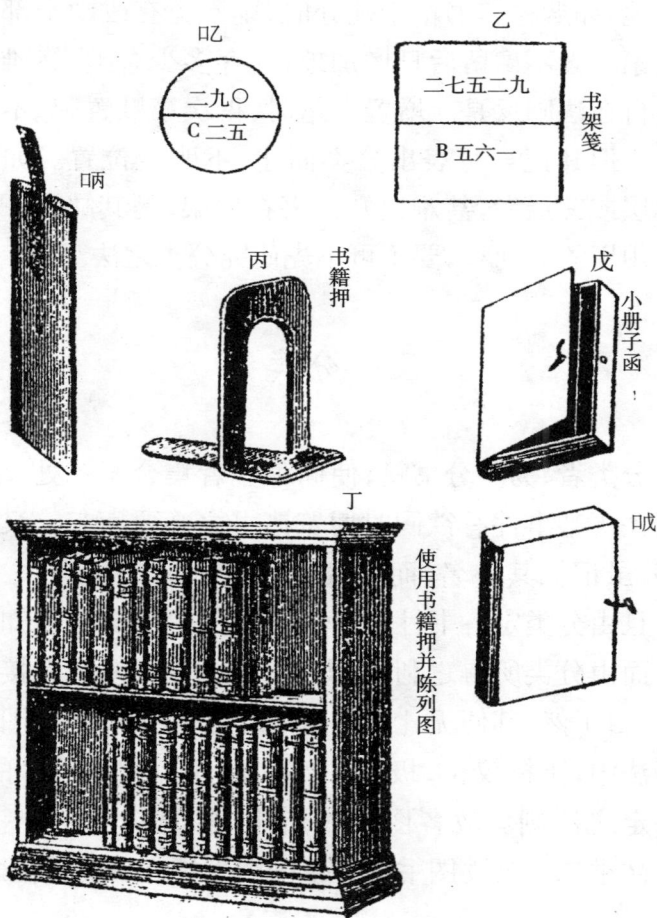

数,可斟酌定之),此固定法也。如书在四三二一·五之分类记号,即语学门中德语类第十五之书(四〇〇系表语学,三二系表德语),此自在法也。故固定法者,明示书籍

33

所在(指大图书馆),检查甚便,惟书架充满,无增加书籍之余地,如遇移其书籍于他处时,则不免有改动全部号数之烦累。设不豫留后日增加地位,存多少余地,终难免此患。自在法则反是。增置书籍时,得次第顺置,毫不变更记号。但其记号只表出分类而止,不明定位置。如书籍有二层或三层者,甚难速知何书在何架,是其缺点。然无论采用甲乙之何种,要不可不先研究分类之法。

乙　分类法

分类者,为类分书籍,使同种类者集合于一处。此方法因关于某事件有欲同时博览诸书之必要而起。又对于一书,虽记忆其件名,而忘其著者或书名,则检查之亦甚易。且由分类定各书性质,可不待求之目录,得直知其所在。而由分类所得之利益,即在开放书库,使读者接近书架,一目了然,其便无比也。分类之法甚多。古来图书馆管理法中,所持议论,极无一定,盖分类法,非学术的,非有一定之法则。故各图书馆所定,各异其所见,不能一致。兹举二三公立图书馆并帝国图书馆之分类法证之。

（子）公立图书馆之分类法

	日日谷图书馆	大阪图书馆	山口图书馆	京都图书馆
第一	事汇 丛书 随笔 杂书	宗教	总记 书目 事汇 丛言 随笔 杂书 杂志 新闻 乡土志料 少年文学	丛书 辞书
第二	宗教 哲学 教育	哲学 教育	哲学 附神书 宗教	哲学 教育
第三	文学 语学	文学 语学	教育	宗教 神话
第四	历史 传记 地理 纪行	历史 传记 地理	文学 附语学	社会 产业
第五	法律 政治 经济 社会 统计	政治 法律 经济 财政 统计 兵事 社会 家政	历史 附传记 地理 纪行	法政 经济
第六	数学 理学 医学	数学 理学 工学	法制 附经济 社会 统计	理学 工学
第七	工学 艺术 兵事	医学	理学 附数学 医学	医学 卫生
第八	产业 家事 交通	产业 工业 商业 交通	工学 附兵事	美术 工艺
第九	儿童用图书	美术 诸艺	美术	文学 语学
第十		总记 书目 事汇 丛书 随笔 杂志 杂书 新闻	产业	历史 地理

（丑）帝国图书馆分类法

第一门　神书及宗教

　　一　总记

　　二　神书

　　三　佛教

　　四　基督教

　　五　杂教

第二门　哲学及教育

　甲　哲学

　　一　总记

　　二　论理

　　三　心理

　　四　伦理

　　五　支那哲学　儒书及诸子

　乙　教育

　　一　总记

　　二　普通教育

　　三　高等教育

　　四　特种教育

　　五　校外教育

第三门　文学及语学

　甲　文学

一　总记

　　二　日本文学　总记、和歌、和文、戏曲、俳歌、
　　　　滑稽文章

　　三　支那文学　总记、诗、汉文

　　四　欧美文学

　　五　小说

　　六　演说及论说

　　七　书目

　乙　语学

　　一　总记

　　二　国语

　　三　外国语

　　四　速记法

第四门　历史、传记、地理、纪行

　甲　历史

　　一　总记及万国史

　　二　日本史

　　三　外国史

　乙　传记

　　一　总记

　　二　日本人传记　附系谱

　　三　外国人传记

　丙　地理

丙　分类记号法

欧美有一定分类法用简单记号,记其分类,以便处理。记号法,或用类名之第一字,或兼用数字,此等记号,记入目录。苟熟达之,得直知其书属于何类,在于何处。书籍出纳,及其他馆务上,不写书名,但用原书记号,亦大省手续。且自在陈列法,非此殆难陈列。但此记号颇复杂,虽盛行于世,而小图书馆尚简单,毋庸蹈袭。今引德依氏之十分分类法与卡达氏之开展分类法并述之。

子　十分分类法

十分法者,先分图书为十部,各部又分十门,各门又十分之,为第三细类。或更十分之为第四细类。其记号则用数字,与算术上用全数及小数之数字者无异。德依氏以一〇〇为第一分类,以下为小分类,例如以一〇〇为哲学,一六〇为伦理学,五〇〇为理科,五一三为数学中之几何等是也。

　　〇为空位,一六〇即第一部第六门。而示无其下之细别,即为第一部第六门(伦理)之总记。一〇〇为第一部之总记,而第一位有〇者,即其书籍不属于何部何门,而为十部中之总记,如百科字典是也。其概要如下。

000　General works.　总记

　010　Bibliography.　书目提要

　020　Library economy.　图书馆制度

　030　General cyclopædias.　普通百科全书

　040　General collections.　丛书

　050　General periodicals.　普通杂志

　　(Periodicals on special subjects are classed with that subject).专门杂志分列于专门各部

　060　General societies.　普通社会

　070　Newspapers.　新闻纸

　080　Special libraries. Polygraphy. (i. e. Collected works).　特别文库　摘录

　090　Book rarities.　罕有之书

100　Philosophy　哲学

　110　Metaphysics.　形而上学

（Statistics of a special subject are classed with that subject）. 特别事件之统计分列于各部

320　Political science.　政治

330　Political economy.　计学

340　Law.　法律

350　Adminisitration.　行政

360　Associations and institutions.　社会及制度

370　Education.　教育

380　（Government control of railroads, telegraphs,etc, see also 650.）铁路电线等政府之管理参照650

390　Customs, costumes, Folk lore.　风俗服装及民俗学

400 Philology.　语学

410　Comparative.　比较论

420　English.　英文

430　German.　德文

440　French.　法文

450　Italian.　意大利文

460　Spanish.　西班牙文

470　Latin.　拉丁文

480　Greek.　希腊文

490　Minor languages.　各国语

500　Natural science.　自然科学

　　510　Mathematics.　数学

　　520　Astronomy.　天文

　　530　Physics.　物理

　　540　Chemistry.　化学

　　550　Geology.　地质

　　560　Paleontology.　古生物学

　　570　Biology.　生物

　　580　Botany.　植物

　　590　Zoology.　动物

600　Useful arts.　应用技术

　　610　Medicine.　医学

　　620　Engineering.　工学

　　630　Agriculture.　农学

　　640　Domestic economy.　家政

　　650　Communication Commerce.　交通商业（Railroads, their practical administration, Steamboats, etc. see also 380.）铁路，铁路管理法，汽船等，参照380

　　660　Chemical technology.　化学工艺

　　670　Manufactures.　制造

　　680　Mechanical trades.　机械

　　690　Building.　建筑法

700   Fine arts. 美术

710   Landscape gardening.   庭园术

720   Architecture.   建筑学

730   Sculpture.   雕刻

740   Drawing，Design，Decoration.   图画装饰

750   Painting.   彩画

760   Engraving.   雕板

770   Photography.   摄影术

780   Music.   音乐

790   Amusements.   游技

800   Literature，including Fiction.   文学（包括小说）

810   American.   美国文学

820   English.   英国文学

830   German.   德国文学

840   French.   法国文学

850   Italian.   意大利文学

860   Spanish.   西班牙文学

870   Latin.   拉丁文学

880   Greek.   希腊文学

890   Minor languages.   各国文学

900   History.   历史

910   Geography and description.   地理及游记

920   Biography.   传记

930		Ancient history. 古代史
940		Europe. 欧洲近世史
950		Asia. 亚洲近世史
960		Africa. 斐洲近世史
970	Modern	North America. 北美洲近世史
980		South America. 南美洲近世史
990		Oceanica and Polar. 大洋及地极近世史
		Regions. 宗教

欲求知细目,可参阅德依氏十分分类法(Dewey's Decimal Classification)。

丑 开展分类法

开展法者,不必用十分法以类分一切书籍。其记号,则以罗马字代十分法之数字。其小分类,更加他罗马字若干。用此法者,颇能开展自由,故云开展。其分类法,有第一至第七之七种。自第一渐至第二第三,视藏书之多少,各从其宜而定。其第七种之分类总数,可达一万以上,比十分法凡三倍云。如历史地理之分类中,于地名用数字为识。而每国各有一定之数字,苟熟于分类法,即得知为何国之历史地理。例如四五是英国,而 F 为历史,G 为地理。一见 F 四五,即知为英国史。G 四五,即知为英国地理。举开展分类法之例如下。

A General works. 总记

Ap   General periodicals.　普通杂志

Ar   Reference works.　参考书

As   General societies.　社会

B   Philosophy.　哲学

Bh   Logic.　论理学

Bi   Psychology　心理学

Bm   Ethics.　伦理学

Br   Religions.　宗教

Cc   Christianity.　基督教

E   Biography.　传记

F   History, Antiquities.　历史　古代遗物

G   Geography, Travels, Maps, Manners and Customs.

地理　游记　地图　民情风俗

H   Social sciences.　社会学

Hb   Statistics.　统计

Hc   Economics.　计学

Hk   Commerce.　商业

Ht   Finance.　财政

I   Social problems.　社会问题

Ik   Education.　教育

J   Government.　政治

K   Law.　法律

L   Natural sciences.　自然科学

Lb   Mathematics.   数学

Lh   Physics.   物理

Lo   Chemistry.   化学

Lr   Astronomy.   天文

M   Natural history.   博物史

Mg   Geology.   地质

My   Biology.   生物学

N   Botany   植物

O   Zoology.   动物

Pw   Anthropology, Ethnology.   人类学 民种学

Q   Medicine.   医学

R   Arts (General works, Exhibitions, Patents, Metric arts.)   技术（总记展览专卖尺度法）

Rd   Mining and Metallurgy.   矿学及冶金学

Rg   Agriculture.   农学

Rt   Chemic and Electric arts.   化学及电学技术

Ry   Domestic arts.   家用技术

S   Engineering and Building.   工程及建筑

T   Manufactures and Handicrafts.   制造及细手工

U   Military and Naval arts.   陆军及海军

V   Athletic and Recreative arts.   竞技及娱乐

Vv   Music.   音乐

W   Graphic and plastic arts.   书画及黏土工

We   Landscape gardening.   园艺

Wf   Architecture.   建筑

Wg   Sculpture.   雕刻

Wp   Painting and drawing.   彩色画及图画

Wq   Engraving. 雕板术

Wr   Photography.   摄影术

Ws   Decorative arts（including costume）.   装饰术（包括服装）

X   Language.   语学

Y   Literature.   文学

Yf   Fiction.   小说

Z   Book arts.   美学

Zp   Libraries.   图书馆

Zt   Bibliography.   书目提要

Zy   Literary history.   文学史

上之 Ar 可入 A,Bh、Bi、Bm 可入 B,Cc 可入 Br, Hb、Hc、Hk、Ht 可入 H,We、Wr 与 W 合,Yf 与 Y 合,Zp、Zt、Zy 与 Z 合,又 A 之下加 Ad 辞典、Ae 百科全书部,F 之下加 Fc 史学、Fd 哲学史、Ff 古迹、Fn 货币、Ev 出版事业等。能为多少增入,诚自由开展。欲知其详,可就卡德氏开展分类法求之（C. A. Cutter's Expansive Classification. ）。

上二分类法外,有布罗尔氏之主体分类法。J. D. Brown's Subject Classification. 在英国颇通行。布氏以罗马字与算数字并用,与上二分类,大同小异。其门类甚繁。今不具。

丁　书籍记号法

然仅用分类法,则于同类中之各书,有不易分别者,故书籍于分类之外,必有号数,如一人之有姓与名然,始得确认为某一书。是亦陈列书籍之不可忽者。而书籍之号数,虽以按书籍陈列书架之先后而附以数字为便,然卡德氏之记号法,则以著者之名,顺 A. B. C. 排列。取者若知著者名,即可按 A. B. C. 向同类中检出。其法尤为自然。但汉文书,不能适用此法。惟陈列洋书不妨袭用之耳。其详细让于卡德字氏母表之研究。今述概略如下。

此记号乃以著者名字之首字,与数字合并成立者。其首字为子韵,则合首字与二字之数字而成。若首字为母韵,则以最初之二字与一字之数字而成。如布罗尔为 Brown 为 B 八一,易帝威为 Edward 为 Ed 九是也。

就数字之用法言,如首字下之字系 A. B. C. D. 二十六母中之第一字,其数字即用一二三四等。在中权或最后者,亦用中权或最后之数字。例如 Garnier 为 G 一六,Grey 为 G 三六,Gilman 为 G 四二。是也。

架上如既有 G 一、G 二、G 三、G 四、G 五,而 G 一、G 二、G 三、G 四之间,又增新书,则可命以 G 一八、G 一九、

G 三五、G 三七之号数。又如有 G 三六一、G 三七之书，可命以 G 三六一、G 三六二之号数。如是则 G 一、G 一八、G 一九、G 二、G 三、G 三五、G 三六。G 三六一、G 三六二、G 三七、G 四、G 五等俱可续增。盖数字不按整数之次序（一二三四五六　一八　一九　三六　三七　三六一　三六二）排列，而按小数之次序而排列者也。即如下。

·一	·三	·三七……列末位
·一八	·三五	·四
·一九	·三五	·五
·二	·三六一	·六

第十二 书架目录

如前所藏书籍,顺第一第二之分类及号数,就书架依次整顿,即书架目录也。

书架目录既订,如图书未曾装钉完好,当加入新书新分类时,得于其相当之顺序处插入空纸(第七图甲),或纸片,恰如牌子目录然。于目录函或抽斗中整理而置之。使得自由以新书名或新分类,容易插入于正当顺序之处者(第七图乙)。此增加书籍,亦如记账法,无改制书架目录之患,颇形便利。近世采用此法者甚多。此牌子目录,可任意加以补正(参考第五图及第十三目录编纂法首项)。依牌子次序,陈列书架,但牌子须防散失,此当注意者。

书架目录,可记入著者姓字、简单之书名、书籍分类及号数、登记号数及册数等。

此等牌子,顺其左侧上部之分类及书籍之记号,依次整理于抽斗与目录函。同种类之书,必萃集一所。故书架目录,可代分类目录之用。若二种目录,不能同时编订，宁编书架目录，附以索引，可供二者之用。若备二种目录，则一为件名目录，顺甲、乙、丙排列，可不依据记号。

第七图（甲）

记账书架目录

				分类	
	书籍号数	登记号数	册	著　者	书　名

第七图（乙）

牌子书架目录

分　类	著者名	
号　数	书名	
		登录号数
		◯

第十三　目录编纂法

准备陈列之书籍,如已记入于书架目录,更须为编纂目录之手续。

第一、以豫定书籍之牌子比较现书,如有异同,则加补正,并记入书号定日等,整理之而作事务参考用之目录(参考第五图)。

图书馆或因权宜,废去事务用之牌子,而代以书架目录及其他目录亦可(参考第十二书架目录)。

日本向所通行之目录,一为件名目录。即问有如何之书籍否,有则可以此答之,然其作用仅此而止。欲编纂完全之目录,则有书名目录。如问有某书名之书籍否,可以此答之。又有著者名目录。如问有某氏之著书否,及某氏有何种之著书否,必备此二种以答之。惟和汉书必备前者,洋书必备后者。而件名书名著者名,至少必记入二种。此外刊年、刊地及其他必要之事项(和汉书见日本图书馆协会目录编纂规则、洋书参考美国图书馆协会编纂目录法)亦如之。若此记法不完全,颇有碍检查。惟小图书馆,不在此限。

甲　牌子记入法

一　书名目录(第八图甲)(洋书则著者目录如第八图乙)书名(洋书则为著者名)记入于第一横线、第一纵线间。著者名(洋书名)记入于第二横线、第二纵线间。次以版数、出版地、刊年等、顺次记之。书名与版数间。版数与地名刊年以下间。地名刊年以下与丛书名之间。宜各留几许空隙。

第八图甲　和汉书目录

279－5	读	书先导			
		中学教育社编	东京	明治三一	洋装
教育	小				
		◯			

第八图乙　洋书著者名目录

L.3458	Smith,J〔ohn〕E〔dward〕
	Works,2d ed. Lond 1880,8°. Illust. and 7maps.
English literature	
	◯

第一横线第一纵线之右，记书架号，其下宜辨明一线至二线，分类记之。

小图书馆，可记书名、著者名、刊年三者。

著者名、书名，不能省略，当全记之。著者名有不明析者，查明后用铅笔记入该书内之表纸上，再记入牌子。但其附加之部分，则以括弧〔〕别之。洋书之洋文部分，可于其下引直线记之。

洋书著者有二人时，则并记二名。有二人以上时，则记其最先一人之名，并加以 And others 等字。

二　件名目录（第九图甲乙）

件名目录所记，虽与书名目录略同（洋书则为著者目录），而第一横线，则以记入其书所属之件名为必要。于第二线之第一纵线处，记入书名（洋书则记著者名）。于第三线之第二纵线处，记入著者名（洋书则记书名）。

第九图甲　和汉书件名目录

教育					
	读书先导				
279－5	中学教 育社编	东 京	明治三一	洋 装	小
			○		

English literature	
	Smith,J. E.
L. 2458	Works, 2d ed. Lond. 1880,8°. lllust. and 7 maps
	○

　　此牌子揭载书名(洋书则记著者名)目录。书籍之内容则不及记入。

　　洋书目录,记著者名之前一字。书名则全记之。

　　上二种目录,为普通目录编纂法。而普通之书籍,虽大概以此为足,而往往一书中有含蓄多数之记事论说等,不可不一一分析之者。至如丛书中各种,均宜分析,不待言矣(参考六概括目录)。

　　三　(甲)分析书名目录(洋书则著者目录)(第十第十一两图)

　　其必须分析之部分,有独立之页数时,则其书名(洋书著者名)以下,亦照独立之书名目录记入之。作括孤( )记其书之总名及刊年于内,而加"之内"二字(如第十图丙丁)。

若页数接续时,则单举其书名(洋书则著者名),当于括弧( )之内,记其总书名及刊年大小等。其上可加"见"字(第十一图甲乙)。

如本编及分析部分,著者皆同一人,则编订之著者目录中已揭全目,不必另编分析目录。

第十图甲　和汉书分析书名目录(页数接续之例)

800—10	上秋月公著
	川田刚著　(皆梦文诗　三岛毅著　东京
文学	见明治十二和装第十七页)
	○

第十图乙　洋书分析著者名目录(页数接续之例)

		Marks, N. D.
		The mechanism of instantaneous photography.
		(See Pennsylvania University.
		Animal locomotion, 1888, pp. 9—33)
		○

第十图丙　和汉书分析书名目录（页数独立之例）

	六	帖咏草
		小泽芦庵著　东京　洋装（续日本歌学
		全书　博文馆编　第六　明治三一　小
		泽芦庵集之内）
		○

第十图丁　洋书分析著者目录（页数独立之例）

	Browning, Robert.	
	Favorite poems, Boston,1880, 32°. pp.	
	50. Wdcts.（In Stedman, E. C. Elizabeth	
	Barrot Browning III）	
	○	

第十一图甲　和汉丛书分出书名目录

920－20		高岛秋帆
		福地樱痴著　东京　明治三一　洋装（少
传　记		年读本博文馆　第一编）
		○

第十一图乙　洋书丛书分出著者目录

720－Jl5		Jacob，Arthur.
		Ventilation of building，N. Y. 1873. 24°.
		pp. 47
Architecture		Digrs（ Van Nostrand， David，publisher，
		Science series，3.)
		○

　　上为分析书名及著者名目录之记入法。对于此等，
甚为必要。

四　分析件名目录,亦所必需。但其记入法,征之第九图甲乙。

第十、十一图诸例,自可明了,毋容赘述。

五　(甲)和汉书之书名参照目录

一书有二以上之书名时,由一名以参照他名,则须用此(第十二图甲)。书名有二种以上之读法者亦同。

第十二图甲　书名参照目录

	教育	家安心论
		井上圆了著
		见井上圆了著之教育的世界观及
		人生观　　明治三一
		○

(乙)洋书之著者名参照目录

一书有著者二人时,则于著者目录,并记二名。有二人以上时,则记最先之一人,加记 And others 已如前述。此处第二以下之部分,可参照第一(第十二图乙)。

第十二图乙　著者名参照目录

	Drin	kwater Bethune, John Elliot.
		On probability.
		See Lubbock, Sir John and Drinkwater
		Bethune, J. E. On probability. 〔1870?〕8°.
		○

　　联合出版者、翻译者及关于一问题有两派论者,亦同。

　　六　概括目录

　　此以用于逐次刊行之丛书为主,在此目录中,用铅笔记其已领取之数,每收新册后即改记之,完结后,更用墨笔记之。刊年举其最初与最终(第十三图甲乙)。其各书则仿分析目录例。更须各为独立之分析目录(第十一图甲乙),于总名之下,举明细目录。须尽一线(或二线)记毕。于第一第二纵线间,记号数并书名、著者名、刊年等。

第十三图甲　和汉书丛书之概括目录

		少年读本　　（一）
		博文馆编　第一册……东京
		明治三一……洋装…册
	一	高岛秋帆　福地樱痴著　三一
	二	白河乐翁　中村秋香著　三二
	三	
	四	
接下图		◯

少年读本	五	井伊扫部头（二）岩谷小波著　三二
博文馆编	六	
	七	
		◯

第十三图乙　洋书丛书之概括目录

	Van	Nostrand, David, publisher.
		Science series. No. ······N. Y. 1873······ Vols.
	1	
	2	Jacob, Arthur. Ventilation of building,
		1873.
See next	card	◯

Van Nos –	3	Ladoux, W. F. Ice-making machine, 1870.
trand, Dav		
Science		
series		
		◯

若第一牌子不足记载,须用第二第三牌子。将分类、书名、著者名,记入左侧。

此细目,如更需多数牌子时,则宜另立明细目录簿记入之(第十四图甲乙)。

第十四图甲

		群书类从	
		塙保己一编	
		其细目见明细目录第几页	
		○	

第十四图乙

	The	International scientific series	
		For contents	
		See contents book , p……	
		○	

乙　字书体及分类目录并其优劣

以上为牌子之记入法,再加编订,即为完全目录。其编订如用书名目录,或著者名目录,则当依书名著者之首字,顺次排列(洋书则顺阿拉伯字),不待再论。至件名目录,第一当依类区分(参照第十一分类法)。凡同一种类者,集于一所,称之为论理的排列,是曰分类目录。

第二宜取书籍所载之特殊事项而为件名,分部分画,顺次排列,与书名著者名目录,合为三种目录(三种各分部画亦可)。全体区分部画,如字书然,是曰字书体目录。

分类目录,骤观之秩序井然。惟实际,则研究一学科之全体者。虽极便利,而欲就特殊事件,为调查者,则甚不便。盖此种分类法,非有一定之法则,亦不必为学术的。殆各馆互异。阅览者来,必先研究其目录之分类法,知其所需之书,果在何种部类,不可不加推测。然往往编目录者,与检查者,分类上之意思不能一致,终不能发现所需之书,此实分类目录不便之所在。但学术研究家,已熟其分类法后,就该目录而为调查,得偿所欲,并得发现有关系于此之书籍。则此目录之便,有如前述。

字书体目录者,取各书所载之特殊事项为件名,依次区分部画排列之。使用者宛如就字书为检查,检出其所需之件名时,即得于其下全发现所需之书,不必预研究其分类也。

例如于某分类目录,有多数之分类,阅者若欲就此以调查烟草之事项时,果在何部类可检出所需之书,农业乎(自耕作法言之)？工业乎(自制造法言之)？商业乎(自贸易统计上言之)？药物学乎？植物学乎？既苦其难知,且关于耕作法者在农业,关于制造者在工业,此外分配于商业药物植物等。烟草之历史及关于其使用方法习惯等,果宜从何者之分类搜索之,颇滋疑惑。反之若所谓烟草即入于其特别件名之下,各依部首,列为专门则实容易发见,不必问其为农工为商业矣。更举极端之一例,则研究猫之一物者,就分类目录,必先研究其分类法,于是必知猫为动物,为动物中之有脊类,抑为有脊类中之胎生(纲)或肉食(目)。不独其手续之烦琐,且精密之分类,非专门家,恒不无误解之事。若用字书体,则检出猫之件名后,即得发见关于猫之一切图书。但字书体目录之弊,于事物彼此之关系,恒不免陷于支离灭裂。于关系之件名,不得不一一参照也。

苟有参照,则循此搜索之时,为系统之研究,决非难事。但须为普通欲研究学术者,别作大小件名之系统表,以为索引,附载于字书体目录之内。

要之分类法,以事物全体,分类排列,虽使专门家研究,而于日常实用,及普通阅览者,则用字书体,检出书籍,较为便速,且使图书馆员免说明目录之烦累。公众亦得省检查目录上无益之劳。但于小图书馆,藏书无多,可为简单目录,用简单之分类法也。

关于目录编纂,除前章所述卡德(Cutter)、德斐(Dewey)、卜罗尔(Brown)诸氏之分类法外,可参考卡德氏目录辞典法、美国图书馆协会目录辞典等书。

丙　牌子目录及印刷目录之优劣

目录之形式,有牌子目录印刷目录二种。印刷目录,较牌子目录为鲜明而便于浏览,且一人以上同时得搜索之。虽在图书馆外,亦得见之。有一览而得数十表题之利益。

然印刷目录,究有不及牌子目录之一事。即编一书籍于目录中,可当然占一定不易之位置。而有日日增加之图书,欲随时加入于其适当之位置,则非牌子目录不可。且印刷目录,其印刷须费,印刷既毕,书籍已旧,增补新书,更不得不印刷附录。一而再,再而三,附录重叠,不独耗费,且检查一分类之书,不可不观三四处。若牌子目录,则虽最近之书,皆得随时插入,且得占其当然之位置。检查其一处已足,其便无比,故欧美各邦,近多采用牌子目录也。

此外有誊写目录,小图书馆可用之。

牌子雏形,略如下式(第十五图)。

第十五图

		◯

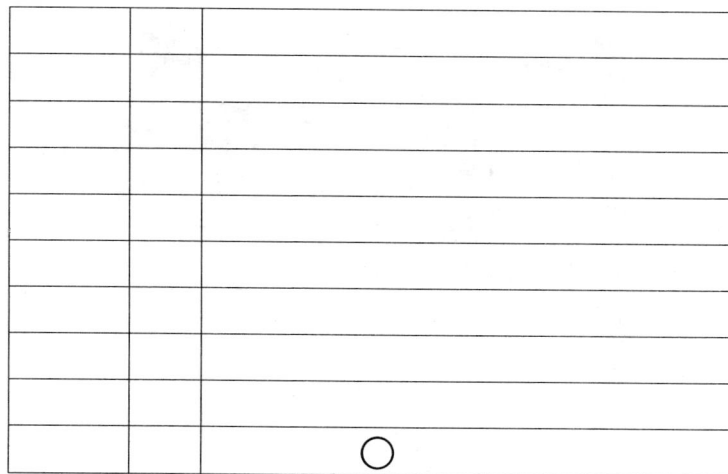

　　图中之孔，可穿一小杆，使牌子相接续。此杆纵贯抽斗，固著于外面，以防牌子之散失毁损。

　　抽斗虽可为并列于上下左右之结构，而最上最下，求便检查，不可过于高低。各抽斗之长，约一尺五寸。其深可依牌子之高（第十六图甲乙），或以便宜。在各抽斗之中央，置薄隔片，分二行排列目录。抽斗之阔，较牌子之长为二倍。

　　抽斗中使牌子有前后转动之余也，必用 ⊓ ⊔ 式之木片以防其倾倒。并于牌子之间，处处挟以薄板如 ⊔ 式者，记件名于其上，则发见之尤便（第十六图甲）。于场所清洁不须防尘埃之处，可用木函以代抽斗。其函上附盖，

第十六图（甲）

目录抽斗（乙）

帝国图书馆所用目录之抽斗

夜间及闭馆时盖之。室内黑暗时，得持至窗前或灯下机上，享检查之便利。

丁　增加书之揭示目录及图书馆报

除馆内所用之目录外，如有余力，则更编增加书之目录，揭示于馆内之一定处所，或付印刷，或登载于地方新闻纸。又编纂关于时事问题，及普通社会所爱读足供参考等书之目录，时时公布，当使图书馆之利用，为益更多。

若有余费，则出图书馆报，定时刊印，揭载关于图书馆之报告、及最近之增加书、特别事项之书目、图书使用法等，以便公众。帝国图书馆四五年来，曾发行馆报，惟丁宁恳切之图书馆员，较是等之书目报告与新闻纸，尤便于公众，无待言也。

第十四　杂志及参考书

　　新闻杂志等定期刊行物之管理，应属阅览室之事务。其阅览室中当备新闻与否，则为一问题。或有谓宜常备内外之重要新闻者，或有谓宜省新闻之购买费，以供他用者。

　　定期刊行物，亦制牌子目录。若系月刊，则分各牌子为十二区。每收杂志一部，即记入于月分之栏内（第十七图甲）。若杂志定四季发行者，则仍用该牌子，每三月记入之。

第十七图（甲）

教　育　时　论		一月	二月	三月	四月	五月	六月	七月	八月	九月	十月	十一月	十二月
明治四〇年		×	×	×	×	/	×	×	×	×	/		
四一年													
四二年													

第十七图
（乙）

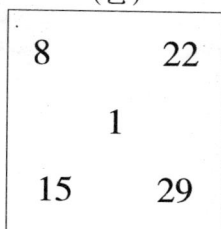

第十七图
（丙）

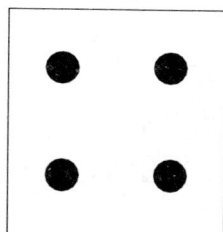

若周报,则于各栏内打四个或五个必要之点记,或记杂志号数,或记领收日期(第十七图乙丙)。牌子则顺杂志之甲、乙、丙,排列于函,若牌子表面已无余地,则更用里面亦可。至系日日发行者,则但记入未收到之号数,亦形便利。惟须发催促书,使之补送。

当来馆人数众多时,因恐杂志之封面,不免污损,则可加假面一层保护之。又择馆内通道之处,揭示杂志目录,使来阅者一览而明,以省问答之烦。

杂志之最近二三号,可勿借出。因读者续索最近号或前此数号者，为数甚多。不得因一二人之借阅，使多数人意兴索然也。杂志须整列于收付处之后方有小方格之箱中，以待有请求者出纳之。请求之人，须写明简单之书名，并开具住址姓名，即以杂志交付。此请求书，即为证书，收置小方格之箱中，待杂志还来时，用以交换。是虽颇为烦杂，然实可省请求者及管理员之手续。盖若以多数逐次刊行之杂志，置于机上，则来者须一一翻动，然后可得其所欲之书。其果在机上，抑已为读者借去与否，一时不易知也。

参考书

仅以供参考之书籍，则名之为参考书，是当与定期刊行物一同陈列，以便易于出纳。盖参考书籍，大都既大且重，不便搬运，如字书、人名字书、地学字书、地图、百科字典及杂志之索引等皆是。此等图书，苟无碍于事务，必当置诸近处，以便少年读者之常用，而免其检索之劳。

第十五　图书出纳法

图书陈列函架，目录编纂完善，然后方可供读者应用。而出纳之法，则有馆内阅览与馆外借阅二种。馆内阅览法之极简单者，即今帝国图书馆现行之法。

第十八图（甲）

帝国图书馆阅览证用纸

Forms of Application			
帝国图书馆图书寻常阅览证			
索阅图书者，本装之书，不得同时借至三种十册以上。洋装之书，不得同时借至三种三册以上。如两装之书并借，各不得过前数之半。惟关于语学之辞书，则并借时无制限。			
书　名　Title of Books	册数	函数	号数

月　　日	住　　所	职　　业	姓　　名
第　　号			

阅览证书之反面

索阅图书之手续

一索阅者，先就总目录内，看明书目之种类及分类法，更就书目检寻所要
之书。将书名(丛书内之书则并详卷数)函数号数册数及住所职业姓名
等，记明此纸。然后由出纳所借取书籍，就席阅览。

但检查目录时，有不明处，可乘馆员之便，向之问明。

一还图书于出纳所，将阅览证书收回后，更可依前条手续，借阅他籍。若
纸面已满，可续行索取。

一出馆时，须向出纳所交还各籍，收回阅览证书后，方可出看守所。无证
书者，停止出馆。

来馆者，先由门首领取前项证书，然后入阅览室。及
检查目录后，即将所要书名函数号数及己之住所，填入证
书，向出纳所领取之。阅讫缴纳时，即以换取证书，将此
证书交出口处之监守者，然后出馆。

欲将每日借出书籍，分类统计，自以一书一证券为
便。但帝国图书馆，则因管理上关系，不得已，用前项券
纸。

馆外借书记录法

借书至馆外，手续颇烦，其法有四种：即(一)记账法；
(二)纸票登记法；(三)牌子登记法；(四)指示器法是也。
就中牌子登记法广行于美国，指示器法通行于英国。

然最简单最确实者，断推牌子登记法。今说明于下。

牌子登记法者，以牌子为出纳之记录，于书目编就

后,作厚纸牌子(特别定做),将书籍号数著者名氏书名,简单登记,谓之书籍牌子(第十九图)。

第十九图

书籍牌子

920—20					
福地樱痴著					
高 岛 秋 帆					
人之号数	借	还	人之号数	借	还
826	九之四	九之十			

人之号数,即借书人之号数也。

于书籍下层对面纸内,黏定一小封套(封套乃吕宋纸所作,上边记书籍号数,下则刊载借书必须注意事)。

第二十图 书籍封套

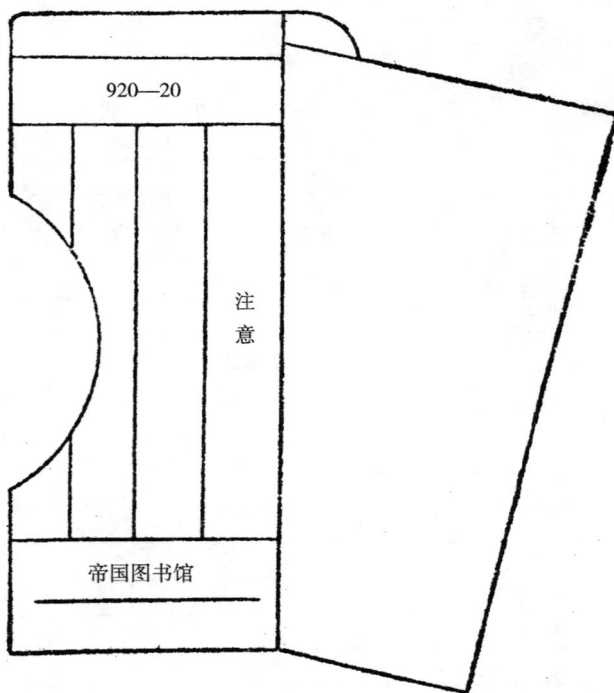

920—20

注
意

帝国图书馆

80

第二十一图(甲)

号数

愚系有借阅贵馆图书之资格者,今具借阅证书,请照例发给图书,当确守规则不误。

月　　　日

住所

业务

氏　名

年龄

第二十一图(乙)

号数

愚系有借阅贵馆图书之资格者,今具借阅证书,请发给,当确守规则不误。

月　　　日

住所

业务

氏　名

年龄

所借图书,如有遗失损坏等情,惟愚是问。此据。

住所

氏　名

第二十一图(丙)

姓名……………………………号数……………………………

住处…………………………………………………………………

呈请借出图书用纸

(甲)有公民之资格者

(乙)有公民资格而须保证者

(丙)反面

此封套内,即永远挟置书籍牌子。

欲借出书籍者,先将一定用纸,填就住所姓氏(如第二十一图甲乙),送于图书馆。馆员则于纸背填写借书人之姓名及登录之号数(第二十一图丙),顺甲乙丙等次序,置于存贮牌子之匣内,又别取帐簿登记其号数,以便由号数查姓名由姓名查号数之用。而借书之人,则于此时填写一种证票,将其姓名住址及图书馆登录之号数允许之限期等,一并记入(第二十二图)。

第二十二图

借书人证票

826	以 年 月 日为限				
樱 木 武 夫					
日本桥区旭町一番地					
书之号数	借	还	书之号数	借	还
920－20	九之四	九之十			

借书人已将证票填就,出纳处即将所借书籍付之。付书籍时,先自其后面封套内,取出书籍牌子,将借书人

82

证票上之号数填入,并印日期于证票及牌子上。于是将证票挟入封套内,一同付之借书人。留书籍牌子为此书借出之证据。

此存留之书籍牌子,须与其余当日借出之书籍牌子一同整理(第一顺书籍号数第二顺甲乙丙等)。另以薄木片标明日期附置其前,以排列于出纳书籍之牌子匣中(第二十三图)。明日更积有牌子,则以次列于其下。如此日日整顿,则借出之日期,一望而知。倘有延误还期者,可即通告催取,或征收过期费(外国凡书籍迟缴者,每日须征收二分或三四分银之过期费,如逾可延之一定日期而犹不还,则专人催取,并征收使费)。其过期不还之书籍牌子则于贮藏牌子匣中,别为一部以置之,共分二部或四部。一为迟缴在一周以上者,次为迟缴至二周以上者。余类推。如此,则检取自益便利。

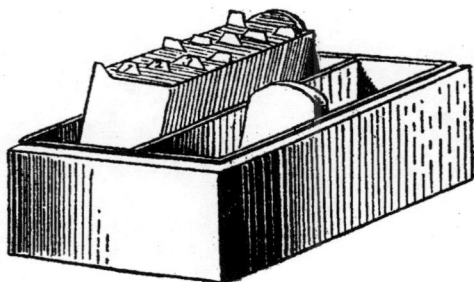

第二十三图
贮藏书籍牌子之匣

借出之书,至期而缴还时,则先自封套内取出借书人之证票,检查其延滞与否。然后再在借出日期之右栏,印捺缴还日期。又自书牌子匣中,将牌子取出,亦在借出期之右栏,印一缴还日期,然后以证票还借书人。书还则纳之库中。逐日借出之书籍,不问借于馆内或馆外,须将其统计存录。其借出馆外者,每日将书籍牌子,就匣中陈列分类。则各类某日借出若干,自容易查悉。

第十六 巡回文库

巡回文库者,自图书馆及其他团体或个人,借出图籍若干册,装以书箱,以便搬运借出。所以补助图书馆事业,兼便利荒僻地方无图书馆之处者也。施行此种事业,欲其有秩序而免重复,则以归公立图书馆管理为最便。美国各州厅,则特设巡回文库委员,以实行此制焉。

巡回文库有二种:一称固定法,一称自由法。固定法者,由中央顺第一第二号之次第,借出一定之文库者也。自由法者,依前途开列所选之若干书籍,如数借出者也。其前途需要之人,可亲自到中央分配所,托事务员检取所要各籍。亦可由中央送来之目录中,选定索取。美国之巡回文库,凡都会近乡,到处皆设之。惟书籍之多少及管理法,彼此略有异同。纽约公立图书馆,则每箱自十册至六百册不等。而对于借书人,则设负责任之人,须取借阅图书之统计,报告于图书馆。馆中因此特备图籍五万册,置管理员十七人主治之。千九百零八年,共有巡回文库八千七百十七处。图书借出者,共达九十八万九千八百四十五册云。

　　威士干逊(北美中部之一州有威士干逊河故名)地方,则州厅皆特设巡回文库委员主治之。有个人直接借出及自图书馆借出之二种。由个人借出者,以三十册至五十册为一箱,限六个月交换。除往复之运费外,一概无费。由图书馆借出者,则必征收用费。每百册之箱,以六个月交换,则每年征收十二元。三十五册者,则每年征收七元。

　　欲设巡回文库支发处者,至少须有公民资格十人成立之团体申请之。所借书籍,须切实处理,若有贻误,则须订约罚款或赔偿。其文库必设于该地中央便利之区,无论商店邮政局或住宅皆可。惟不设于学校内,因学校夜间及长假时,皆闭锁。且恐校内教职员等,未必翻阅此许多书籍,徒然搁置闲处也。

　　日本山口新潟等二三县,均设有巡回文库,今姑就山口冈山二县略述之。

　　其文库则以五十册至百册内外之通俗图书,置于一定之书箱内(箱系桧木所造,高约二尺二吋,长约二尺六吋强,阔约九吋,用铰链钉以对开式之二门,中则界为二层,容书籍约七十余斤,价值七圆,可胜十年之用)。定使用之期限,分发各处,供公众之阅览。箱中附置图书目录。目录系短册,可以拔取或插入。当文库编成时,即将目录一同插入之。及书籍归还后,则拔出更换。但在郡县各署及公立图书馆，则附以誊写之目录若干，分发阅览人阅览。今巡回文库分发处共六十一所。其为郡县署与图书馆所设者，则每四月一交换。其为县立学校所设者，则每一学期一交换。

施设之初，本编成固定之书籍，递送各郡市。后以不如直接应阅者之求为有益，遂于明治三十八年，创为自由法，编订巡回文库用之选择目录（此后可随时订正增入），以之分发各县。凡希望阅书者，可就此目录中选取所需之书，于交换日期之一月前，申请本馆，本馆乃于一月内准备应付。其由各地图书馆归还之书籍，亦更照所请求者，还发之他处郡市学校图书馆等。

从前分发于郡县各署时，成绩颇不佳。自明治三十九年以降，除为由公私立图书馆收发，因得与图书馆所在之公众相接触，于是间接以补公私立图书馆图书之不足，且更为公私立图书馆增设之动机。由是与公私立图书馆相得益彰，始得切实收效。其成绩之若何，则可就阅书请求簿及特许带出证调查之。阅书请求簿者，设于阅览所，以便借书人记住址姓名及所需书名册数之用。特许带出证者，须有村吏及教员等确实之绍介，然后与之。凡有此证者，得携带图书出外，约以五六日为限。在此限内，如有他人来借，得拒绝之。又借阅中如有必须索还者，应即缴纳。如此者，自明治三十七年一月至四十三年三月止，共有收发文库四百七十三所，图书册三万六千一百四十六册,借出数共十二万一千四百册。借阅人共九万二千七百八十五人云。

巡回文库购置图书费,每年预算须六百圆。其搬运费,在汽车便利之地,每箱往复,平均约一圆内外。若汽车不便之处,则每箱往复,须一圆半至二圆。每年总计约须百圆云。

冈山县之巡回文库,系井上角五郎独立经营。井上氏以为印刷术苟大发达,则文明普及,必有可惊之势力。吾人求知识之方法,可不须聆大学之讲义,即在本地藉印刷之力,亦可得相等之知识。其法莫妙于即在本地设巡回文库。井上氏初本欲在乡里建一图书馆,但须先鼓动地方人士之读书意兴,故首创巡回文库以为之导线。且亦藉以收集图书,为设图书馆之预备也。

井上氏之行此巡回文库也,其保管文库则依赖郡长,己则担任一切费用。书籍有由郡长酌定而氏为采购者,有用捐款预先购入者。其书多为小说历史修身等,一以通俗为主。每箱凡五十册,以便一人可肩荷,如此者今凡有八十处。设于小学校者,校内必设阅书室。若借设于青年会者,则可在会中阅看,亦可借出回家阅看。地方因此大受便益云。

第十七　调查书籍及曝书

在库之书籍,当如治理财产,时时查核,每年至少须查核一次。整顿书籍之通行规则:第一须分类,第二须顺书籍之号数陈列于架。查核之法,先阅看函架目录,以与书籍比对。此函架目录,所以须将书籍顺次陈列,且又须有帐簿记载者也(参考第十二书架目录部)。查核之时期,可择出纳减少及事务闲暇之时。有时只须查核一部分,有时必须闭锁全部查核之。帝国图书馆,则每当十月十一月之交,择空气干燥时,闭馆一周间,举行查核与曝书之事,恐和汉书有蠹害者,特曝之于风中。其不常取出者,则以樟脑杀虫菊等,挟置书箱中,防蠹鱼之患。洋书往往生霉菌,则时加扫拭。又设消毒室,置蠹食最甚之籍,用防腐杀菌药 Formalinum 消毒。

查核时,凡架中失去之书籍,当别作目录,随时留意检索,查其带出馆外否,曾留于装订室与事务室否。如皆不见,则再查箱架。若终不得其踪迹,则暂登未详簿。此等一时失去之书籍,往往有经数月数年后,忽然发见者。故凡登未详簿之书籍,不得视为决然失去也。

第十八　书籍之装订

所谓装订者，非仅裱装书籍而已，实兼带保存之法。若以高价精制，供公众阅览，于教育公众爱美之思想则得矣。然于图书馆一方面，则不免有损害。若用廉价装订，则又失书籍之品位，且恐不耐久用，屡次购补，则较精制之费为更贵。是以各图书馆虽不能为极华丽之装制，亦必选取良好之材料，缝缀坚固，式样适宜，方为合用也。

书籍之须修缮及装订者，宜即时为之。若犹豫而不即为，每转受异常之损伤，甚至遗失页数编数，终成不完全无用之书，深可惜也。应修理之书籍，当检置一处。可在馆内修理者，即在馆内修理，其必须经订书人装订者，则送之订书人处。并将其牌子留下，填载送往某订书处，及装订修理之日期，另置于牌子箱中之一部分，勿与他牌相混。

别立订书登记簿。凡书籍发交订书人，其记法如下（第二十四图）。

第二十四图

订书号数	登录号数	著 者	书 名	册数	代价	摘 要	送	还
一○○	一○○○	田尻	经济学	一	五○	半牛皮	一月五日	二月五日

　　如将著作人名及书名写记于书籍中,则写法务宜精密。若洋书用活字排印著作人名及书名,则印书者大概以活版线数论价。图书馆欲求省费,可仅将著作人之姓(省去名字)及简单之书名卷数印入书籍。其书籍号数,则可记入函架笺。又书面纸与装订法,如勒成定式时,则必附记馆名。而欲甄别该书之是否别本或异版,则必将书籍登录之号数,记入订书登记簿。其记法可依著作人名或书名顺次记之。当书籍交订书人时,应如何标写文字于书面,须另写一纸条吩咐之(第二十五图甲乙),即以挟入书中。装订完功后,即将此纸条随书一同缴还。

　　书籍由订书人缴还时,先依著作人名或书名,顺次整理之,然后检查各册标写之文字,是否与吩咐之字条相合,更证之订书登记簿有错误否。无错误,则查取书籍牌子,以夹入后面之封套内,然后陈列书架中。

```
    （甲）        （乙）
     表          里

     田        订书号数
     尻        代  册
   ————        价  数
              ————
     经        色
              ————
     济        体裁
              ————
     学        式样之大小
```

以欲取便统计,故各书籍每次装制,均须附一装制之号数。当图书馆开设时,第一批书籍送出装制,即为第一号,以后顺次为第二第三号,挨次续记。其号数可用铅笔记于书面纸之次页右侧易见处。异日可因此号数查订书登记簿,考知此书为何时装制,费价几何。

装制费因书籍之大小而定。何等书籍用何等装制费,可于订书登记簿预先约略定之。普通本装书籍,定规或以纸数多少而定。此可将书籍大小与约定之价,预行记明。凡书籍由订书人还来时,先检其所索价与约定规程相合否。如相合者,则登记其数于订书登记簿。积记至满一页,则于订书登记簿每页之末,作一总计。日后订书若干制费几何,庶几可一望而知。

订书人付价,不得积若干书籍逛付,须每册付价。

92

各种杂志，当接续前号，置于一处。遇装订时，自无搜集寻检之劳。书面上当附索引。订书人除去其中广告各页，当仍留原书面纸，依次缀入。所以必须如此装订者，以阅看杂志，有时必须参考及此也。